Gudrun Aichwalder
Franz Fink

Hausschlachten

Zerteilen • Verarbeiten • Vermarkten

Leopold Stocker Verlag
Graz – Stuttgart

Umschlaggestaltung:
DSR Werbeagentur Rypka GmbH, 8143 Dobl/Graz, www.rypka.at
Titelbild: Mona Lorenz, Gmunden

Bildnachweis: Die Abbildungen der Fleischteile von S. 63-S. 83 wurden uns freundlicherweise von der AMA (AGRARMARKT AUSTRIA) zur Verfügung gestellt. R. Grabner: 17; Mona Lorenz: 64; S. Wagner: 99,104,106,110,117,119,122,125,126,129,132,133,134,135,136,138,139,141,142,144,145; R. Zötsch: 26, 41. Die restlichen Bilder wurden uns von den Autoren zur Verfügung gestellt.

Bibliografische Information der Deutschen Nationalbibliothek
Die Deutsche Nationalbibliothek verzeichnet diese Publikation in der Deutschen Nationalbibliografie; detaillierte bibliografische Daten sind im Internet unter http://dnb.d-nb.de abrufbar.

Hinweis: Dieses Buch wurde auf chlorfrei gebleichtem Papier gedruckt. Die zum Schutz vor Verschmutzung verwendete Einschweißfolie ist aus Polyethylen chlor- und schwefelfrei hergestellt. Diese umweltfreundliche Folie verhält sich grundwasserneutral, ist voll recyclingfähig und verbrennt in Müllverbrennungsanlagen völlig ungiftig.

Auf Wunsch senden wir Ihnen gerne kostenlos unser Verlagsverzeichnis zu:
Leopold Stocker Verlag GmbH
Hofgasse 5 / Postfach 438
A-8011 Graz
Tel.: +43 (0)316/82 16 36
Fax: +43 (0)316/83 56 12
E-Mail: stocker-verlag@stocker-verlag.com
www.stocker-verlag.com

ISBN 978-3-7020-1348-6

Layout und Repro: DSR Werbeagentur Rypka GmbH, 8143 Dobl/Graz
Druck: Druckerei Theiss GmbH., A-9431 St. Stefan

Inhalt

Die Bedeutung von Fleisch für die Ernährung ... 7

Bestandteile des Fleisches ... 8

Optimale Eiweißversorgung des Menschen ... 9

Vor- & Nachteile von tierischem Eiweiß in der Ernährung ... 11

Das Schweinefleisch ist besser als sein Ruf ... 12

Schweinefleisch und Cholesterin ... 13

Die wichtigsten Nährwerte einzelner Fleischarten ... 15

Was müssen Erzeuger und Vermarkter wissen? ... 16

Tierhaltung und Fütterung ... 17

Arbeitsgeräte ... 18

Betäubungsgeräte ... 18

Brüh- und Enthaarungsmaschine ... 19

Abflammgerät ... 19

Messer ... 20

Hackstock ... 20

Schneidbrett ... 20

Schleifstein und Streicher ... 20

Knochensäge, Praxen und Bughacken ... 20

Rippenlöser ... 21

Wolfgeräte ... 21

Knetgeräte ... 21

Brühkessel ... 22

Arbeitstische ... 22

Gefäße ... 22

Metallfingerschutz und Metallschürze ... 22

Räume u. Zubehör für Schlachten, Verarbeitung und Lagern ... 23

Schlachtraum ... 23

Transport von Frischfleisch ... 26

Reinigung des Schlachtraumes, der Einrichtung und der Geräte ... 26

Kühlraum ... 27

Gemauerte Kühlräume ... 27

Kühlraumzellen ... 28
Verarbeitungsraum ... 28
Anforderungen an den Raum ... 28
Einrichtungsgegenstände ... 29
Selchvorrichtungen ... 31
Gemauerte Selchräume ... 31
Schrank- und Kastenselch ... 33
Reifungs-, Trocknungs- und Lagerräume ... 33
Verkaufsraum ... 34
Ausstattung von Räumen mit Geräten für die Hausschlachtung und Direktvermarktung ... 37
Reinigung von Verarbeitungsräumen und -geräten ... 38

Das Schlachten u. Zerteilen der Tiere ... 39
Das eigentliche Schlachten und Ausweiden ... 39
Töten bzw. Stechen der Tiere ... 39
Häuten und Ausweiden (Rinder, Kälber) ... 40
Brühen (Schweine) ... 40
Blutgewinnung ... 41
Behandlung des Schlachtkörpers ... 41
Probleme bei der Kühlung ... 42
Bedeutung der Fleischreifung ... 42
Das Fleischuntersuchungsrecht ... 44
Kennzeichnung ... 44
Frischfleisch-Hygieneverordnung ... 45

Zerteilen verschiedener Schlachtkörper ... 47
Zerteilen eines Schweines ... 48
Grobzerteilung Schwein ... 48
Feinzerteilung Schwein ... 49
Zerteilen eines Rindes ... 54
Grobzerteilung Rind ... 54
Feinzerteilung Rind ... 54
Zerteilen von Schaf und Wild ... 58
Zerfällen ... 58
Schlachten von Geflügel ... 60
Töten ... 60
Rupfen ... 60
Ausnehmen – Füße abtrennen ... 60
Kühlen ... 60
Fehler beim Schlachten, Ausweiden und Kühlen ... 61

Fleisch und dessen Verwendung in der Küche ... 62
Was versteht man unter Fleischqualität? ... 62
Vorrichten von Fleisch ... 63

Fleischteile einzelner Tierarten ... 64
Fleischteile des Schweins ... 65
Innereien von Schwein und Rind ... 68
Fleischteile des Rindes ... 70
Fleischteile des Kalbes ... 78
Fleischteile des Schafes ... 82
Geflügel, Wild, Kaninchen – Verwendungszweck ... 84

Haltbarmachen von Fleisch ... 85
Einfluss des Garens auf die Fleischqualität ... 86
Gefrieren von Fleisch ... 86
Gefriergeräte ... 87
Verpackungsmaterial ... 88
Vorbereiten des Gefriergutes Fleisch ... 89
Das Verpacken von Gefriergut ... 90
Beschriften des Gefriergutes ... 91
Einfrierregeln ... 92
Auftauregeln ... 93

Herstellung von Dauerwaren ... 94
Wurstbereitung ... 94
Einteilung der Wurstarten ... 95
Kochwürste (Streich- und Blutwürste, Sulzen) ... 95
Codexbestimmungen für Kochwürste ... 96
Herstellungsrichtlinien ... 97
Rezepte für streichfähige Kochwürste ... 99
Rezepte für andere Kochwürste ... 102
Blutwürste ... 103
Sulz und Sulzwürste ... 105
Die häufigsten Fehler und deren Ursachen bei Kochwürsten ... 107
Rohwürste (Hauswurst, Salami) ... 108
Rohmaterial und Zutaten ... 108
Herstellungsrichtlinien ... 110
Codexbestimmungen für die im Buch behandelten Rohwürste ... 115
Rezepte für Rohwürste mit Belag ... 116
Rezepte für Rohwürste ohne Belag ... 118
Wild- und Schaffleischrohwürste mit oder ohne Belag ... 122
Abtrocknungsgrad der Rohwürste ... 123
Die häufigsten Fehler und deren Ursachen bei Rohwürsten ... 123
Fleisch- und Dauerwürste ... 125
Roh-Pökelwaren ... 128
Rohmaterial und dessen Vorbereitung für das Pökeln ... 128
Pökelzusätze ... 129
Pökelgefäße und Einrichtung ... 130

Pökelmethoden ... 130
Das Garen von Kochpökelwaren ... 135
Räuchern (Selchen) und Räucherfehler ... 135
Rezepte für Rohpökelspezialitäten ... 140
Fettbereitung ... 146
Fettspezialitäten ... 146

Hygiene ... 148
Maßnahmen zur Verringerung der Keimbelastung ... 148
Personelle Vorkehrungen ... 149
Schadkeime (Mikroben) bei der Fleischverarbeitung ... 149
Lebensmittelvergiftende Mikroben ... 150

Sicherheitsvorkehrungen vor Unfällen ... 156
Arbeitsbehelfe ... 156
Arbeitskleidung ... 157
Arbeitsmethode ... 157
Fußboden ... 157
Geräte ... 157

Planung und Wirtschaftlichkeit ... 158
Planung der Schlachtung und Verarbeitung ... 158
Beispiel für eine Arbeitsplanerstellung zu einer Schweineschlachtung und -verarbeitung ... 159
Wirtschaftlichkeit ... 161

Vermarktung von Fleisch u. Fleischdauerwaren ... 162
Verkauf von Frischfleisch ... 162
Preisauszeichnung ... 162
Die Wünsche der Konsumenten ... 163
Fleischverluste von der Schlachtung bis zum Verkauf ... 163
Die Ausbeute des Schlachtgewichtes einzelner Tierarten ... 165
Umhüllen und Verpacken von Fleisch und Fleischdauerwaren ... 167
Verbrauchs- und Haltbarkeitsfristen ... 167
Transport ... 167
Direktvermarktungsmöglichkeiten von Fleisch und Fleischdauerwaren ... 168
Möglichkeiten der Direktvermarktung (Checklisten) ... 170
Kundenwerbung ... 173
Anhang ... 175
Literaturverzeichnis ... 176

Die Bedeutung von Fleisch für die Ernährung

Bestandteile des Fleisches

Optimale Eiweißversorgung des Menschen

Das Schweinefleisch ist besser als sein Ruf

Die wichtigsten Nährwerte einzelner Fleischarten

In allen Epochen der Geschichte war das Fleisch für die Ernährung des Menschen von großer Bedeutung. Bei den jagenden Naturvölkern bildet es noch heute den Hauptbestandteil ihrer Nahrungsversorgung. Mit dem Sesshaftwerden des Menschen ist der Anteil von Fleisch an der Nahrungspalette geringer geworden, aber auch in unserer Zeit wird eine gemischte Kost, bestehend aus Gemüse, Fleisch, Getreide und Milchprodukten, als ausgewogene und gesunde Ernährungsform betrachtet.

Dennoch besteht zunehmend die Meinung, dass zu große Mengen Fleisch verzehrt werden. Aber der Mensch nimmt von allen Nahrungsmitteln zu viel zu sich; er versteht es nicht, die Ernährung seiner Arbeits- und Lebensweise anzupassen.

Unter „Fleisch" im Sinne des Fleischbeschaugesetzes versteht man alle Teile warmblütiger Tiere, die sich für den menschlichen Genuss eignen; im Allgemeinen jedoch das Muskelfleisch mit dem eingebetteten Fett- und Bindegewebe.

Fleisch hat eine hohe Nährstoffdichte

Dies bedeutet, dass dem Körper mit hochwertigem Fleisch viele lebensnotwendige Nährstoffe zugeführt werden können.

Viele Menschen haben Gewichtsprobleme; deshalb ist es wichtig, über den Energiegehalt der einzelnen Fleischteile Bescheid zu wissen.

Der durchschnittliche Energiewert von 100 g magerem Fleisch beträgt 439 Kilojoule oder 105 Kalorien, der durchschnittliche Nährstoffgehalt von 100 g fettem Fleisch 3500 Kilojoule oder 830 Kalorien, 100 g frischer Rückenspeck vom Schwein hat hingegen 3175 Kilojoule oder 759 Kalorien.

Bestandteile des Fleisches

	Mageres Muskelfleisch	Fettes Muskelfleisch
Wasser	72–76 %	13–15 %
Eiweiß	19–22 %	4–6 %
Fett	0,5–4,5 %	74–81 %
Kohlehydrate	1 %	–
Bindegewebe	2–5 %	2–5 %
Vitamine	B_1, A, D, B_2, K, B_6	–
Mineralstoffe	1 % Kalium, Calcium Magnesium, Jod Phosphor, Eisen	in geringen Mengen Natrium, Phosphor, Kalium

Das Eiweiß befindet sich nicht nur in der Muskelfaser, sondern auch im Fleischsaft sowie im Bindegewebe.

Bei unsachgemäßer Behandlung des Fleisches geht daher Saft und damit Eiweiß verloren.

Die Eiweißverteilung im Fleisch

- in der Muskelfaser 52–56 %
- im Fleischsaft 30–35 %
- im Bindegewebe 10 %

Energie- und Fettgehalt von Fleisch (in 100 g essbarem Anteil)*

	kJ/kcal	Fett
Rind		
Lungenbraten	504/121	4 g
Beiried (Roastbeef)	542/130	4,5 g
Rostbraten	671/161	9 g
Rindsgusto (Schale, Nuss, Hüferl, Tafelstück)	460/110	3 g
Bratenfleisch (Dicke Schulter)	538/129	5 g
Gulaschfleisch (Hals)	625/150	8 g

	kJ/kcal	Fett
Schwein		
Lungenbraten	445/106	2 g
Kurzes Karree	560/133	5 g
Langes Karree	660/165	10 g
Schopfbraten	830/197	14 g
Schnitzelfleisch (Nuss, Kaiserteil, Fricandeau)	440/103	2 g
Bauchfleisch	1097/261	21 g
Lamm**		
Mageres Lammfleisch (Rückenfilet)	525/103	2 g
Huhn		
Brust (ohne Haut)	427/102	0,7 g
ganzes Huhn (verzehrbarer Anteil)	695/166	10 g
Pute		
Schnitzel, Filet	452/108	1 g
Flügel (mit Haut)	717/171	9 g

* Quelle: Kluthe R., Kasper H.: Fleisch in der Ernährung. Supplement zu „Aktuelle Ernährungsmedizin“ Thieme 1994

** Quelle: AID 1992

Optimale Eiweißversorgung des Menschen

Die empfohlene Eiweißzufuhr pro Person und Tag richtet sich nach dem Lebensalter und Gesundheitszustand. Schwangere und Stillende weisen einen erhöhten Bedarf auf.

Die Eiweißstoffe werden im menschlichen Körper benötigt als

- Bausteine der Zellen
- Bestandteile der Enzyme
- Gerüstsubstanz der Haare und Nägel
- Aufbaustoffe von Sehnen und Knorpeln
- Bestandteile des Blutes

In der menschlichen Nahrung müssen mindestens 10 bis 15 % Eiweiß enthalten sein. Davon sollte mindestens ein Drittel, aber höchstens die Hälfte aus tierischen Lebensmitteln, z. B. Fleisch, Milchprodukten und Eiern, stammen. Pflanzliches Eiweiß liefern uns u. a. Hülsenfrüchte und Hafer.

Empfohlene Eiweißzufuhr pro Person und Tag

Alter	Protein g/kg[1]		Protein g/Tag	
	männlich	weiblich	männlich	weiblich
Säuglinge				
0 bis unter 4 Monate	2,2	1,6	11	11
4 bis unter 12 Monate	1,6	2,2	13	13
Kinder				
1 bis unter 4 Jahre	1,2	1,2	16	16
4 bis unter 7 Jahre	1,1	1,1	21	21
7 bis unter 10 Jahre	1,0	1,0	27	27
10 bis unter 13 Jahre	1,0	1,0	38	39
13 bis unter 15 Jahre	1,0	1,0	51	50
Jugendliche und Erwachsene				
15 bis unter 19 Jahre	0,9	0,8	60	47
19 bis unter 25 Jahre	0,8	0,8	60	48
25 bis unter 51 Jahre	0,8	0,8	59	48
51 bis unter 65 Jahre	0,8	0,8	58	48
65 Jahre und älter	0,9	3	55	47
Schwangere	–	58[2) 3)]	–	58[2)]
Stillende	–	63[3)]	–	63

[1)] g/kg Sollgewicht und Tag [2)] Ab 4. Monat der Schwangerschaft [3)] g pro Tag Quelle: Ernährung Aktuell 6/91

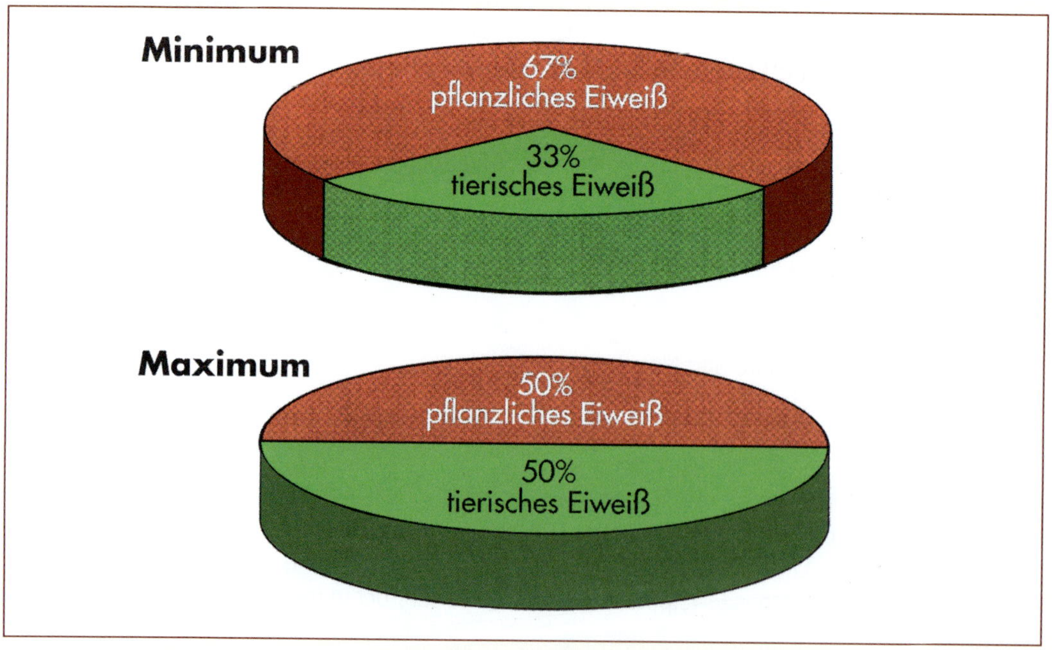

Vor- & Nachteile von tierischem Eiweiß in der Ernährung

Vorteile

Biologische Wertigkeit

In den tierischen Eiweißstoffen sind die essentiellen Aminosäuren in einem ähnlichen Mengenverhältnis wie im menschlichen Körper enthalten; daher können 78 bis 92 % davon verwertet werden. Wird tierisches mit pflanzlichem Eiweiß gemischt, erhöht sich die biologische Wertigkeit.

Tierisches Eiweiß hat eine ähnliche Zusammensetzung von Aminosäuren wie der menschliche Körper.

Vitamine und Mineralstoffe

Mageres Fleisch und Innereien sind sehr vitaminreich.

- Wasserlösliche Vitamine

  B_1, B_2, B_6 und B_{12} sind im Fleisch reichlich vorhanden.

  Das Schweinefleisch ist neben dem Vollkornbrot einer unserer wichtigsten Vitamin-B_1-Lieferanten. Vitamin B_{12} kommt fast nur in tierischen Lebensmitteln vor und wird deshalb bei vegetarischer Ernährung häufig in zu geringen Mengen aufgenommen. In der Leber ist sogar mehr Vitamin C enthalten als in Äpfeln.

- Fettlösliche Vitamine

  A und D sind in bedeutenden Mengen nur in Innereien enthalten.

- Mineralstoffe

  Fleisch und Innereien sind reich an Mineralstoffen. Der Gehalt an Kalium ist höher als im Gemüse.

  Das in tierischen Lebensmitteln enthaltene Eisen kann vom Körper besser verwertet werden als jenes pflanzlicher Herkunft. Werden sowohl pflanzliche als auch tierische eisenhaltige Nahrungsmittel mit einer Mahlzeit eingenommen, erhöht sich die Aufnahme des Eisens aus den pflanzlichen Stoffen.

  Der Natriumgehalt des Frischfleisches ist niedrig und erhöht sich erst bei der weiteren Verarbeitung durch die Zugabe von Salz.

  Der Bedarf des Menschen am Spurenelement Zink wird überwiegend durch den Genuss von Fleisch gedeckt.

Eisen von tierischen Lebensmitteln kann vom Körper besser aufgenommen werden.

Verdaulichkeit

Mageres Fleisch und Fleisch von jungen Tieren ist gut verdaulich, da es wenig Bindegewebe enthält. Es eignet sich daher für die Ernährung rekonvaleszenter und älterer Menschen.

Aromastoffe sind in Fett eingebunden.

Geschmack
Marmoriertes Fleisch ist schmackhafter als mageres, denn die meisten Aromastoffe sind an Fett gebunden.

Sättigungswert
Der Sättigungswert von Fleisch ist größer als jener vieler anderer Lebensmittel, denn die Verdauung erfolgt in mehreren Abbaustufen und dauert deshalb länger.

Nachteile

Energiewert
Fettes Fleisch weist einen hohen Energiewert auf und fördert das Übergewicht. Der Fettgehalt von Fleischgerichten ist nicht nur vom essbaren Anteil abhängig, sondern auch

- vom Vorbereiten vor dem Garen: z. B. Ölbeizen, Fett mehr oder weniger entfernen;
- von der Zubereitung und Fettbeigabe: kochen, dünsten, braten, frittieren, panieren;
- von den Verzehrgewohnheiten: Fettränder bleiben am Teller.

Innereien weisen einen hohen Cholesteringehalt auf.

Hoher Cholesterin- und Puringehalt
Innereien weisen einen hohen Cholesterin- und Puringehalt auf; ihr häufiger Verzehr kann daher zu Kreislauferkrankungen und Gicht führen. Personen mit erhöhtem Harnsäurespiegel im Blut sollten täglich höchstens 100 bis 150 g Fleisch, gleichgültig von welcher Tierart, zu sich nehmen. Der Puringehalt kann durch das Entfernen der Haut, z. B. bei Geflügel, Schwein, Fisch, gesenkt werden.

Hoher Natriumgehalt
Dauerwaren können je nach zugesetzter Kochsalzmenge einen erhöhten Natriumgehalt aufweisen und damit den Blutdruck steigern.

Das Schweinefleisch ist besser als sein Ruf

Der Fettsäuregehalt von Schweinefleisch wird schon seit Langem diskutiert. In diesem Zusammenhang ist eine Schweinefleischuntersuchung aus dem Jahre 1991 von Univ.-Prof. Dr. Josef Leibetseder interessant. Untersucht wurden vorwiegend maisgefütterte Schweine. Das Untersuchungsergebnis erbrachte neue Erkenntnisse, weicht aber von den Angaben der offiziellen Nährwerttabelle 1992/93 ab.

Diese Abweichungen sind:

- Der ausgewiesene Fettgehalt war niedriger als noch vor zehn Jahren. Er wurde durch gezielte Züchtung und veränderte Fütterung erreicht.
- Der Kaloriengehalt war ebenfalls niedriger, da in der Untersuchung bereits die Zurichtung durch den Fleischhauer berücksichtigt wurde (siehe Tabelle unten).
- Der Cholesteringehalt im essbaren Anteil des mageren Fleisches lag unter dem in der Nährwerttabelle ausgewiesenen:
  Untersuchung: 60 mg Cholesterin in 100 g essbarem Anteil
  Nährwerttabelle: 70 mg Cholesterin in 100 g essbarem Anteil
- Unterschiede ergaben sich auch im Fettsäuremuster. Im Fett der untersuchten Schweine war der Gehalt an wertvoller Linolsäure gestiegen, der an gesättigter Palmitinsäure hingegen gefallen.

Der Fettgehalt wurde durch gezielte Zucht und geänderte Fütterung gesenkt.

Fettgehalt und abtrennbares Fett von Schweinefleisch in 100 g Rohware

Teilstück	Fettgehalt	abtrennbares Fett
Kotelett	9,1	6,3
Schopf	14,5	10,7
Schulter	21,3	19,1
Schlögel	8,3	5,5
Bauch	31,8	15,1

Schweinefleisch und Cholesterin

Mageres Schweinefleisch von maisgefütterten Tieren erhöht den Cholesteringehalt im Blut nicht unbedingt; vielmehr ist die Zubereitung entscheidend.

Da der Fettgehalt eines Fleischgerichtes von den einzelnen Zubereitungsarten abhängt, werden hier einige Empfehlungen von Frau Dipl. oec. troph. Monika Radke (Trier / Deutschland) angeführt:

Der Fettgehalt eines Fleischgerichtes hängt auch von der Zubereitung ab.

Fettverbrauch bei der Zubereitung

Übergießen von 1 kg Fleisch .... 36 g
Anbraten von 1 kg Fleisch .... 25 g
Anbraten von 500 g Gulasch .... 25 g
Kurzbraten von 4 Scheiben unpaniertem Fleisch .... 25 g
Kurzbraten von 4 Scheiben paniertem Fleisch .... 35 g
Fettaufnahme von 1 paniertem Schnitzel .... 10 g
Fettaufnahme von 1 unpaniertem Schnitzel .... 2 g
Fettaufnahme von 2 Fleischlaibchen .... 3 g

Niedrige Werte lassen sich nur durch sorgfältiges Arbeiten in der Küche erreichen

- Abmessen, nicht schätzen der notwendigen Fettmenge.
- Kochgeschirr zuerst erhitzen, dann das Fett hineingeben.
- Marmoriertes Fleisch verwenden.
- Faschiertes kann in heißem Kochgeschirr ohne Fett garen.
- Wenn möglich, im Bratrohr garen, dabei das Fleisch mit etwas Wasser ansetzen.
- Zum Frittieren frisches und heißes Fett verwenden. Nur wenig Fleisch auf einmal in die Pfanne geben, damit das Fett nicht zu sehr abkühlt.

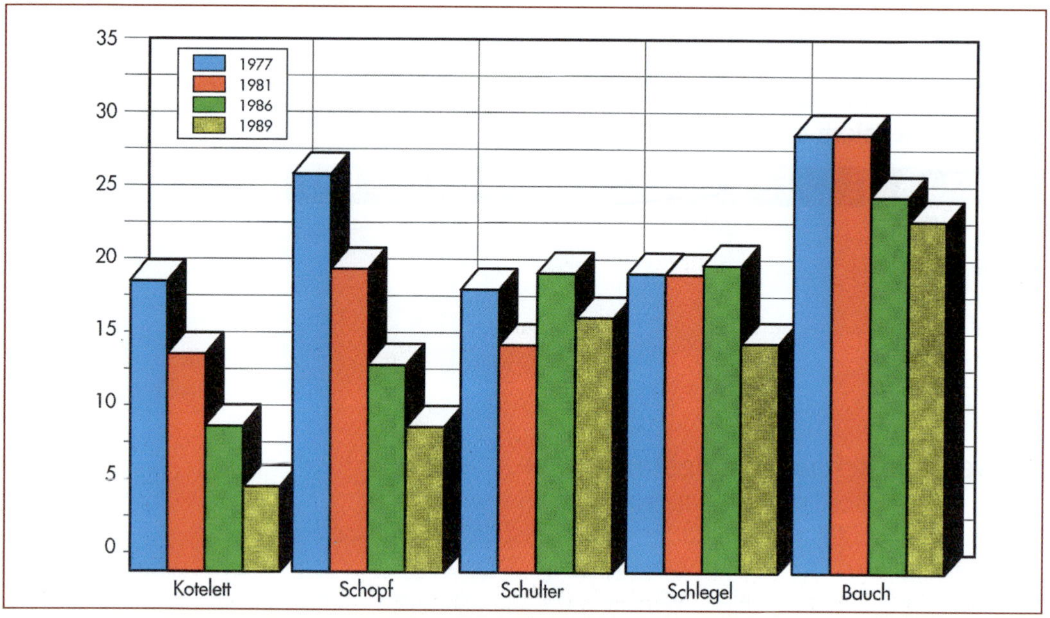

Fettgehalt im essbaren Anteil von 100 g Rohware
Quelle: Souci, Fachmann, Kraut

	Fettsäure	A	B
Myristinsäure	C14	1,5	0,7
Palmitinsäure	C16	25,0	19,6
Stearinsäure	C18	12,5	12,6
Palmitoleinsäure	C16:1	4,8	1,9
Ölsäure	C18:1	48,2	50,6
Linolsäure	C18:2	6,5	13,9
Linolensäure	C18:3	1,5	0,7

A: Souci/Fachmann/Kraut, 1989, reines Muskelfleisch; B: Leibetseder/Kadi/Böhm, 1991, Fleischanteil

Die wichtigsten Nährwerte einzelner Fleischarten

Für die genaue Zusammenstellung eines Speisezettels, z. B. bei Übergewicht, chronischen Erkrankungen oder für Menschen mit erhöhten Cholesterin- und Harnsäurewerten im Blut, werden die Nährwerte der einzelnen Fleischarten benötigt.

Je 100 g verzehrbarem Anteil

Fleischart	reich an	Kcal	KJ	Eiweiß g	Fett ges. g	Fett MuF g	Cholesterin g	Purine mg
Rind: dicke Rippe Rostbraten	EFMV	223	933	18,6	16,5			110
Rind[1)]	EMV	105	439	21,3	1,7	0,1	70	130
Kalb[1)]	EMV	95	397	21,9	0,8	–	–	190
Schwein[1)]	EMV	111	466	21,1	3,0	0,2	70	154
Schlögel	EFMV	274	1145	16,9	22,9	3,5	80	
Rückenspeck[2)]	F	759	3175	4,1	82	–	100	
Lammfleisch[1)]	EMV	112	481	20,4	3,4	0,1	70	146
Kaninchen[1)]	EMV	112	481	20,8	7,6	1,5	70	145
Hase	EMV	113	474	21,6	3,0	0,1	65	150
Hirsch	EMV	112	469	20,6	3,3	–	110	150
Reh	EMV	97	407	21,4	1,3	–	110	150
Ziege	EV	149	624	19,5	7,9	–	70	
Ente	EFMV	22 7	951	18,1	17,3	3,1	70	153
Gans	EFMV	342	1430	15,7	31,0	4,4	75	240
Brathuhn	EMV	133	556	20,6	5,6	1,2	81	110
Pute	EFMV	212	886	19,2	15,0	4,4	74	150
Innereien								
Kalbsbries	EMV	99	416	17,2	3,4	–	250	1032
Kalbsherz	EMV	114	475	15,2	5,1	0,3	140	
Kalbshirn	EMV	111	464	10,1	7,6	0,3	2000	
Kalbsleber	EMV	130	563	19,2	4,1	0,6	360	250
Kalbszunge	EMV	90	376	17,5	2,2	–	370	
Kalbsniere	EMV	128	534	16,7	6,4	0,1	380	240
Zunge	EMV	128	535	17,1	6,2	–	140	
Schweineherz	EMV	106	445	16,9	3,6	1,5	150	510
Schweinehirn	EMV	123	516	10,6	9,0	–	2000	100
Schweineleber	EMV	134	559	20,1	5,7	1,3	346	

Erklärung: [1)] ohne Fett [2)] frisch E = Eiweiß M = Mineralstoffe F = Fett V = Vitamine
Fett ges. = gesamter Fettanteil Fett MuF = mehrfach ungesättigte Fettsäuren
(Auszug aus: Die große Nährwert-Tabelle 1992/93)

Tierhaltung
und Fütterung

Arbeitsgeräte

Was müssen Erzeuger und Vermarkter wissen?

Damit eine gute Fleischqualität erreicht wird und hochwertige Produkte erzeugt bzw. auf den Markt gebracht werden können, sind folgende Kenntnisse notwendig:

Tierhaltung

Rasse, Zucht, Haltung, Tierschutz, Fütterung, Transport der Tiere zur Schlachtung

Schlachtung

Hygiene, Vermeidung von Stress, Schlachttier- und Fleischuntersuchungsvorschriften,Betäubung

Verarbeitung

- Verwendungsmöglichkeiten der Fleischteile für die Weiterverarbeitung in der Küche; Konservierungsarten einschließlich Lagerung: Gefrieren, Wursten, Pökeln, Selchen, Trocknen
- Arbeitsmethoden und Verfahren einschließend Arbeitsgeräte, -kleidung und Unfallschutz
- Hygiene-Faktoren, welche die Qualität und die Haltbarkeit beeinflussen

Planung

- Planungsmethoden
- Herstellungsverfahren
- Kalkulationsmethoden

Vermarktung

- Gesetze: Gewerberecht, Lebensmittelrecht, Fleischuntersuchungsrecht, Nutztierschutzgesetz, Eichrecht und Qualitätsklassengesetz
- Verordnungen: über Qualitätsklassen, Hygiene (Fleisch, Geflügel, Wild), Kennzeichnung
- Marketing: ist für die Direktvermarktung von Bedeutung, siehe Kapitel Vermarktung von Fleisch und Dauerwaren, S. 162.

Tierhaltung und Fütterung

Die Fleischqualität ist vom Zuchtleistungsziel einzelner Rassen abhängig. Innerhalb der Rasse ist die Qualität wiederum abhängig vom Alter und vom Geschlecht der Tiere (männlich, weiblich oder Kastraten).

Jungkalbinnen und Ochsen haben ein feinfasriges, zartes Fleisch. Weidetiere von Almen liefern ein besonders geschmackvolles Fleisch.

Fleisch von Kühen wird zum Kochen oder zur Brätherstellung verwendet. Durch gezielte Gebrauchskreuzungen wird in der Mast der einzelnen Tiergattungen

- der Fleischzuwachs optimiert;
- das Fleischaroma verbessert;
- die Fetteinlagerung im Inneren der Muskeln und
- die Fettabdeckung der einzelnen Teilstücke verbessert.

Weidetiere liefern besonders geschmackvolles Fleich.

Durch Selektion werden unerwünschte Fleischeigenschaften (z. B. blass und wässrig) ausgemerzt.

Die Fleischqualität wird durch die Fütterung nachhaltig beeinflusst. Sie soll ausgewogen und der jeweiligen Leistung angepasst sein.

Bei Jungtieren ist eine höhere Schlachtausbeute bei geringem Futtereinsatz möglich. Eine optimale Futterzusammenstellung gewährleistet, dass das Fleisch ein gutes Nährstoffverhältnis, eine ansprechende Farbe sowie einen angenehmen, arttypischen Geruch und Geschmack aufweist.

Grünfutter und Weidegänge bei Wiederkäuern beeinflussen ebenfalls das Aroma und die Inhaltsstoffe des Fleisches.

Schwein und Geflügel können die ungesättigten Fettsäuren aus dem Mais sofort resorbieren. Ihr Fleisch weist je nach Maisanteil im Futter mehr oder weniger ungesättigte Fettsäuren auf.

Mais im Futter beeinflusst die Kernigkeit und Haltbarkeit des Specks.

Maisgefütterte Schweine liefern für den Frischverbrauch Fleisch mit einem besonders hohen gesundheitlichen Wert. Der Mais im Futter beeinflusst auch die Kernigkeit und die Haltbarkeit des Speckes. Für die Erzeugung von Dauerwaren, die lange reifen müssen, ist der Maisanteil in der Endmast zu reduzieren.

Im Rindermagen werden die ungesättigten Fettsäuren des Maiskornes durch Bakterien in gesättigte Fettsäuren umgewandelt.

Schlecht gehaltene und schlecht gefütterte Tiere erbringen eine schlechte Fleischqualität. Diese schränkt die Möglichkeit der Verarbeitung ein, setzt die Lagerfähigkeit der Produkte herab und ist für viele Produktionsfehler verantwortlich. Kräuterzusätze (Oregano und Salbei) haben bei einem Fütterungsversuch der Veterinärmedizinischen Universität Wien eine Verzögerung beim Fettabbau (Ranzigwerden) ergeben.

Arbeitsgeräte

Gute Arbeitsgeräte erhalten die Qualität des Fleisches, sparen Arbeitszeit und verringern die Unfallgefahr. Alle Arbeitsgeräte sollen möglichst glatte Oberflächen aufweisen, sie dürfen nicht korrodieren und müssen leicht zu reinigen und zu desinfizieren sein. Die Verwendung von Holz (Griffe, Hackstock, Schneidbrett) ist verboten.

Betäubungsgeräte

Laut Tierschutzgesetz muss jedes Tier vor der Schlachtung betäubt werden.

Bolzenschussapparat mit Patronen (Kartuschen)

Für jede Tierart gibt es eine bestimmte Patronenstärke. Werden nicht die richtigen Patronen verwendet, ist die Betäubung zu schwach oder die Kopfverletzung zu stark.

Bolzenschussapparat

Wichtig für den Umgang mit dem Bolzenschussapparat:

- Bedienungsanleitung lesen und einhalten!
- Apparat fest an die Schädeldecke aufsetzen!
- Patronen erst vor dem Gebrauch in den Lauf geben!
- Erst kurz vor der Betäubung entsichern!
- Kartuschen (Patronen) immer trocken und versperrt aufbewahren!
- Nicht benützte Patronen aus dem Lauf entfernen!
- Bei Versagen Schussöffnung (Mündung) nie auf Menschen richten!
- Probeschüsse nicht in die Umgebung abfeuern, sondern auf eine starke Holzunterlage zielen!
- Nach Gebrauch den Lauf sofort gründlich reinigen und mit Waffenöl einlassen (konservieren)!

Elektrische Betäubungszange

Werden viele Schweine geschlachtet, ist die Anschaffung einer elektrischen Betäubungszange empfehlenswert. Sie wird hinter den Ohren angepresst, der elektrische Strom eingeschaltet, das Großhirn betäubt. **Aber:** Fehlerhafte Geräte, Wackelkontakte und zu wenig energische Handhabung führen zu Muskelblutungen.

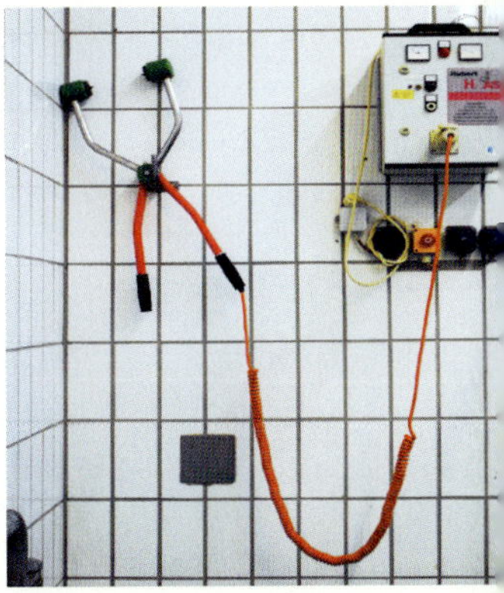

Betäubungszange

Brüh- und Enthaarungsmaschine

Brüharbeiten im Bottich werden in gebückter Haltung ausgeführt, dabei wird die Wirbelsäule sehr belastet.

Die Brüh- und Enthaarungsmaschine arbeitet selbsttätig. Das Gerät wird elektrisch beheizt, die Wassertemperatur beträgt 60 bis 62 °C. Der Arbeitsablauf erfolgt automatisch. Nach dem Brühen und Haaren wird der Deckel geöffnet und das Schwein mit einer Drehbewegung auf den Enthaarungstisch geworfen.

Für Geflügel gibt es ebenfalls elektrische Brüh- und Rupfgeräte, welche die Wassertemperatur gleichmäßig halten und dem Geflügelschlächter die Arbeit erleichtern.

Rupfgerät für Geflügel

Abflammgerät

Es kann die Restenthaarung bei Schweinen und Geflügel rascher und hygienischer vornehmen als händisches Arbeiten. Durch die Flamme werden nicht nur die Borsten- und Hautreste entfernt, sondern auch die Keime an der Oberfläche der Haut getötet.

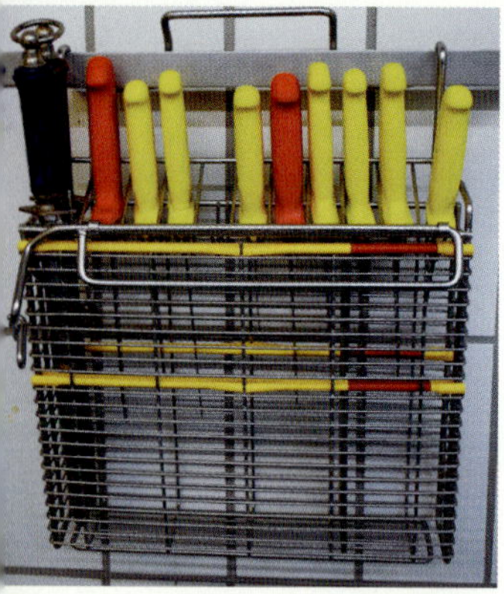

Verschiedene Messer, ordentlich verwahrt.

Messer

Für jede Arbeit gibt es Spezialmesser, die das Arbeiten erleichtern und, richtig gehandhabt, Unfälle vermeiden. Beim Einkauf soll auf einen Fingerschutz geachtet werden. Die richtige Aufbewahrung der Messer erleichtert die Arbeit.

- **Stichmesser:** Je nach Tierart verschieden lang und breit: Klingenlänge: 25–30 cm.
- **Ausbeinmesser:** Werden zum Auslösen der Knochen benötigt; sie sind robust und weisen eine kurze Klinge auf.
- **Schwartenmesser:** Die Klinge ist vorne geschwungen, dadurch wird das Abschwarteln der Haut erleichtert.
- **Schnitzelmesser:** Die lange, breite Klinge gewährleistet eine schöne Schnittführung.

Hackstock

Die Arbeitsfläche kann aus Hartholz oder lebensmittelechtem Kunststoff sein. Beim Auftreten von Rissen muss die Oberfläche abgehobelt werden.

Wichtig!

Nach jedem Gebrauch sorgfältig mit Bürste, Sodalauge und heißem Wasser reinigen!

Schneidbrett

Für die Direktvermarktung dürfen nur rissfreie Kunststoffschneidbretter verwendet werden.

Schleifstein und Streicher

Gute Fleischqualität hängt auch von der Schärfe der Messer ab. Beim Schärfen der Messer mit dem Schleifstein dürfen sie weder zu steil noch zu flach (in einem Winkel von ca. 35 Grad) gehalten werden. Zu steile Haltung macht die Schneide kurz; bei zu flacher Haltung wird die Klinge zu rasch verbraucht. Nach dem Schärfen muss jedes Messer flach mit einem Streicher abgezogen werden.

Knochensäge, Praxen und Bughacken

Das Zersägen der Knochen mit einer Knochensäge ist sicher und ergibt glatte Schnitte. Um mit der Praxe oder der Bughacke eine glatte, präzise Spaltung zu erzielen, bedarf es einiger Übung.

Rippenlöser

Dies ist ein Metallgriff mit einer Plastikschlinge oder ein u-förmiges Messer mit einem rechtwinkeligen Griff, der das Auslösen der Rippen erleichtert.

Fleischwolf

Wolfgeräte

Je nach Umfang der Schlachtung wird das Fleisch mit der Hand, mit einem Zusatzgerät der Küchenmaschine oder einem Spezialgerät gewolft.

Vorteile eines großen Gerätes

Anschlusswerte: Küchenmaschine – 450 bis 600 Watt
Kleingewerbegerät – von 1 kW aufwärts

Bei höherem Anschlusswert vergrößern sich die Stundenleistung und Belastbarkeit (z. B. kann angefrorenes Fleisch damit gewolft werden). In starken Geräten wird das Fleisch nicht erwärmt, die Qualität erleidet keine Einbußen. Ein Geschwindigkeitsregler schont das Gerät.

Überlegungen vor der Anschaffung:

Ist der geforderte Anschlusswert vorhanden? Steht genügend Platz zur Verfügung?

Was ist beim Betrieb des Wolfgerätes zu beachten?

Messer und Lochscheibe müssen stets geschärft sein, damit sie die Muskelfasern nicht quetschen.

Die Zusammensetzung hat genau nach Gebrauchsanweisung zu erfolgen. Das Gerät nie leer laufen lassen, damit der Verschleiß des Schneidsatzes gering bleibt.

Reinigung und Wartung

Die Reinigung der Wolfgeräte muss sorgfältig erfolgen, da die Keimvermehrung im zerkleinerten Fleisch rasch vor sich geht. Daher muss sofort nach Beendigung des Arbeitsvorganges oder bei Arbeitsunterbrechung auch zwischendurch gereinigt werden. Lochscheiben zur Reinigung nicht auf harte Gegenstände schlagen, denn sie brechen leicht.

Im zerkleinerten Fleisch erfolgt die Keimvermehrung rasch!

Zusatzteile vor dem Zusammensetzen gut trocknen lassen. Alle Schmierstellen und Gewinde in regelmäßigen Abständen ölen.

Knetgeräte

In vielen bäuerlichen Betrieben werden Brotknetmaschinen zum Mischen des Wurstmaterials verwendet.

Brühkessel

Beim Einkauf ist folgendes zu überprüfen:

- Lässt sich die Geschwindigkeit regeln?
- Stehen in der Gebrauchsanweisung auch Ratschläge für das Wurstkneten? (Erfahrungsgemäß wird am Anfang zu lange geknetet, dadurch verliert die Wurstmasse ihre Bindigkeit.)
- Ist das Knetgefäß vom Hauptgestell entfern- und kippbar oder muss die Restflüssigkeit mit Tüchern ausgesaugt werden?

Brühkessel

Werden regelmäßig Kochwürste oder Kochpökelware erzeugt, empfiehlt sich die Anschaffung eines Brühkessels.

Die Heizung kann mit Holz, Gas oder Strom erfolgen, aber nur bei Gas und elektrobeheizten Geräten wird die Brühtemperatur gleichmäßig gehalten.

Eckige Kessel kosten mehr als runde, doch man kann den Inhalt besser nutzen.

Arbeitstische

Die Oberflächen dürfen keine Risse aufweisen.

Arbeitstische in Nirostaausführung sind teuer, aber leicht zu reinigen und hygienisch einwandfrei. Holzschneideflächen sind verboten.

Gefäße

Das Material der Gefäße kann aus Nirosta, lebensmittelechtem Kunststoff oder unbeschädigtem Email bestehen, Surfässer auch aus Holz.

Metallfingerschutz und Metallschürze

Durch das Tragen der beiden Schutzbekleidungen werden Stich- und Schnittverletzungen vermieden.

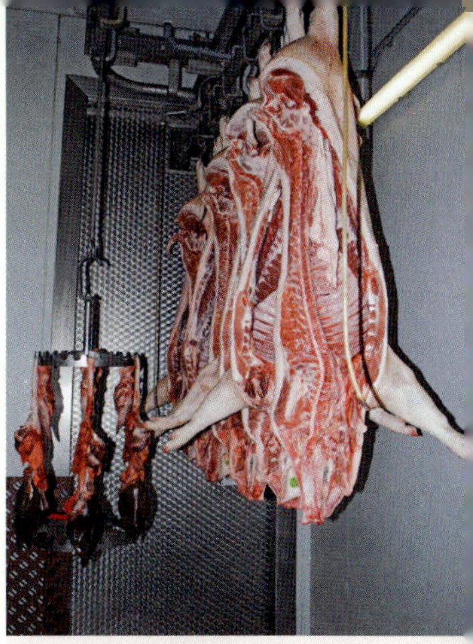

Räume u. Zubehör
für Schlachten, Verarbeitung und Lagern

Schlachtraum

Kühlraum

Verarbeitungsraum

Selchvorrichtungen

Reifungs-, Trocknungs- und Lägerräume

Verkaufsraum

Reinigung von Verarbeitungsräumen und -geräten

Alle Schlacht-, Verarbeitungs-, Kühl- und Lagerräume müssen den Vorschriften der Fleischuntersuchungs- und der Frischfleischhygieneverordnung, die Verkaufsräumlichkeiten dem Lebensmittelgesetz entsprechen, wenn nicht allein für den Eigenbedarf („Hausschlachtung", kein Verkauf oder Gratisverköstigungen) geschlachtet wird. Kühl- und Verarbeitungsräume müssen zur Temperaturkontrolle Thermometer aufweisen. Die Raumgrößen und deren Ausstattung richten sich nach dem Umfang der Verarbeitung. Werden große Mengen erzeugt, so sollten die Schlacht-, Kühl-, Verarbeitungs- und Lagerräume in einer Ebene liegen und ohne Stufen eine geschlossene Kette bilden, damit die Transportwege kurz sind. Eine Rohrbahn an der Decke ersetzt die Tragearbeit.

Schlachtraum

Raummaße

Folgende Mindestmaße werden bei einer Einzelschlachtung benötigt:

- **Für 1 Schwein:** 17 m^2 Bodenfläche, 3 m Raumbreite, 3,5 m Raumhöhe
- **für 1 Rind:** 25 m^2 Bodenfläche, 5 m Raumbreite, 4,5 m Raumhöhe

Fußboden

Er muss wasserundurchlässig, rutschfest, leicht zu reinigen sein und zum Gully ein Gefälle von 1 % aufweisen. Die Abwässer sind mit einem Fettabscheider zu klären.

Beispiel eines Fleischverarbeitungsraumes

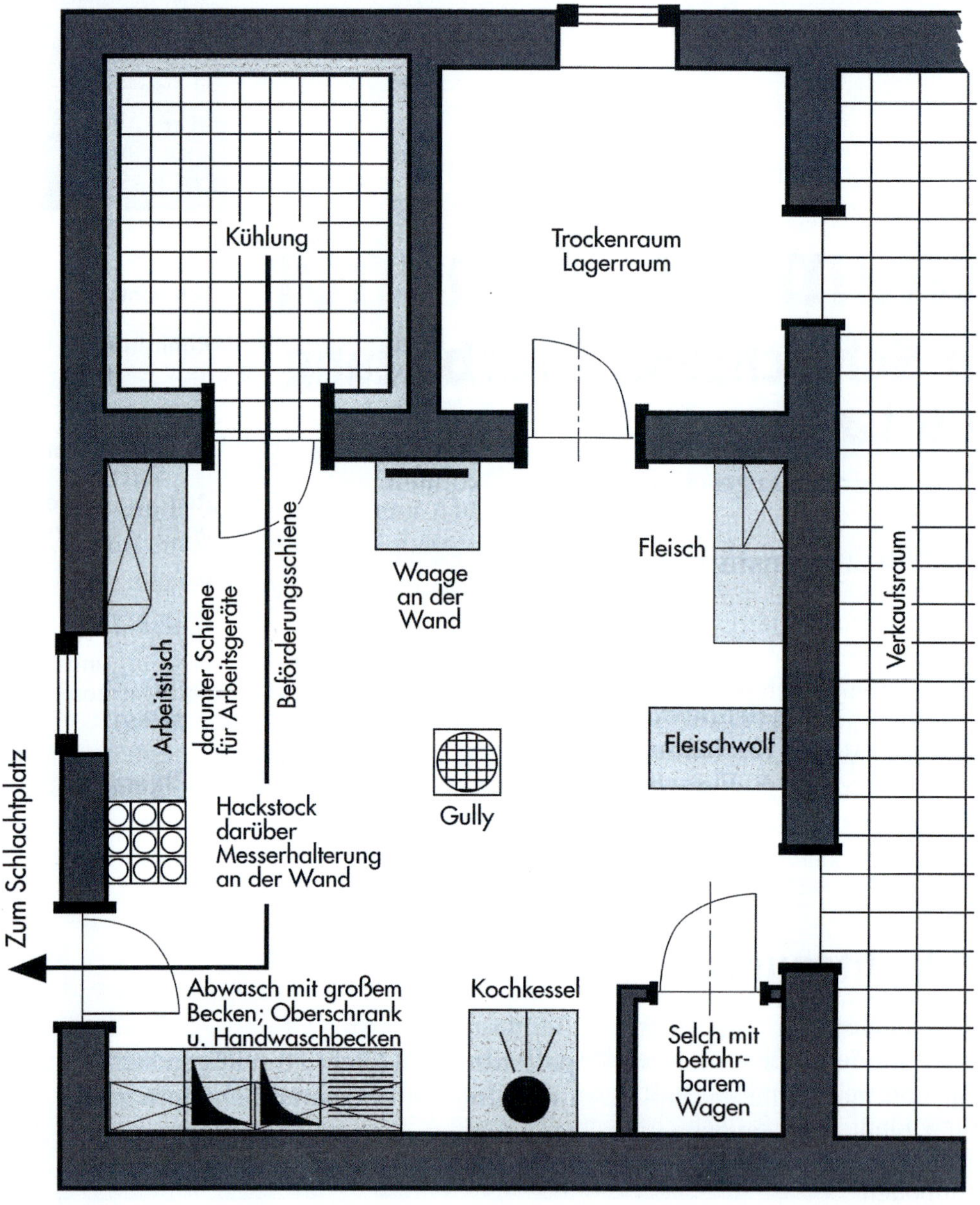

Die Feuerstelle für die Selch muss von außerhalb des Verarbeitungsraumes bedienbar sein.

Wände

In der Fleischhygieneverordnung werden eine Wandverfliesung von mindestens 2 bis 3 m Höhe (Rind) und abgerundete Übergänge von den Wänden zum Boden verlangt.

Eine Trennwand oder ein Plastikvorhang soll unreine von reinen Arbeiten trennen.

Die Fleischhygieneverordnung schreibt eine Verfliesung der Wände vor!

Decke

Laut Fleischhygieneverordnung haben die Decken in einem guten Bauzustand und hell gekalkt zu sein.

Türen

Die Tür in den Schlachtraum muss für ein Rind 3 m hoch und 2,4 m breit sein.

Bei allen weiteren Türen genügen 1,10 m Breite und 2 m Höhe. Korrosionsbeständige, gut abwaschbare Oberflächen erleichtern die Reinigung.

Kamin und Entlüftungsschlauch

Soll das Warmwasser mit festen Brennstoffen erhitzt werden, braucht man einen Kaminanschluss für den Wasserkessel. Man sollte einen mehrschlauchigen Kamin planen, um sowohl die Selch als auch die Verarbeitung anschließen zu können und dabei einen Entlüftungsschlauch bis über das Dach vorsehen.

Mehrschlauchigen Kamin planen!

Da beim Schlachten viel Dampf erzeugt wird, muss ein starker Ventilator eingebaut werden.

Fenster

Sie unterstützen mit den Türen die Entlüftung, sorgen für Frischluft und ausreichendes Tageslicht.

Schutz vor Schädlingen

Alle Öffnungen (Fenster, Luft-, Entlüftungsschächte, Gully) müssen mit einem Gitter zum Schutz vor Fliegen, Mäusen und Ratten ausgestattet sein.

Anschlüsse

Ein Kalt- und Warmwasseranschluss mit Wasserschlauch; Elektroanschlüsse in Feuchtraumausführung, entsprechender Anzahl und Stärke der Geräte.

- **Für Schweine:** 1 elektrische Betäubungszange, 1 Brüh- und Enthaarungsmaschine

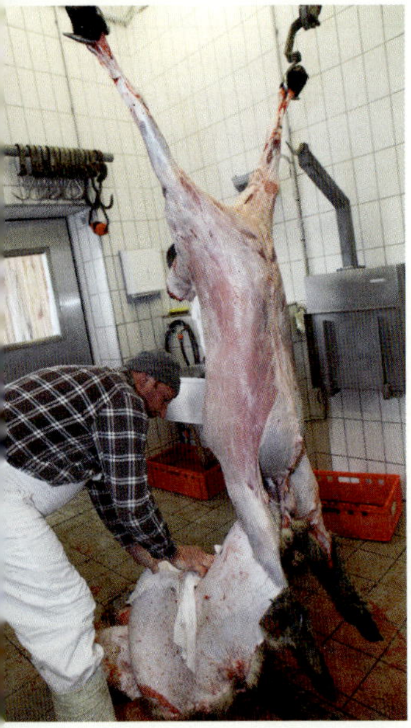

Ein Aufzug und eine Rohrbahn erleichtern die Arbeit.

- **Für Rinder:** 1 Aufzug, 1 Spaltgerät zum Zersägen der Tierhälften
- **Für Geflügel:** 1 Rupfmaschine

Arbeitsplatzbeleuchtung und ein Ventilator, Handwaschbecken ohne Handarmatur, Desinfektionsmittel, Einmalhandtücher.

Einrichtungsgegenstände je nach Tierart

- **Geflügel:** Schlachtgestell, einige Schlachtringe, Blutauffanggefäße, Rupfgerät
- **Schwein:** Betäubungsgerät, Haartrog oder Brüh- und Enthaarungsmaschine, Holzbock zum Nachputzen, Aufhängevorrichtung zum Ausweiden
- **Rind:** Betäubungsgerät, einen Aufzug fürs Ausweiden, ein Spaltgerät zum Spalten der Tiere, eine Rohrbahn zum Transport der Teile

Schlachtbehelfe

Je nach Tierart werden benötigt: Verschiedene Messer, Haken, Hacken, Schabglocke, Ketten, Knochensäge, Gefäße für Blut, Magen, Därme, Borsten, Klauen, Häute. Verschiedene Tierarten dürfen zeitlich getrennt geschlachtet werden.

Abfälle

Abfälle für die Tierkörperverwertung, wie Füße, Köpfe und Schlachtabfälle, sind in verschließbaren, gekennzeichneten Behältnissen gekühlt zu lagern (gesonderter Kühlraum) oder sofort aus dem Betrieb zu entfernen.

Häute, Hörner und Klauen dürfen nicht im Schlachtraum gelagert werden.

Das Entleeren der Mägen und Därme darf nicht im Schlachtraum erfolgen, wohl aber deren nachfolgende Reinigung.

Transport von Frischfleisch

Ist ein Transport im Freien erforderlich, muss das Fleisch in eine Schutzhülle gepackt werden.

Reinigung des Schlachtraumes, der Einrichtung und der Geräte

Für die Reinigung der Schlachträume ist ein Hochdruckreiniger von Vorteil.

Im Schlachtraum werden die schmutzigsten Arbeiten durchgeführt, daher wird für die Reinigung sehr viel Warmwasser mit ausreichendem Druck benötigt. Ein Hochdruckreiniger ist für die gründliche Reinigung notwendig und erleichtert die nachfolgende Desinfektion.

Wenn der Schlachtraum sauber gereinigt, desinfiziert und abgetrocknet ist, kann man ihn auch für die Direktvermarktung verwenden.

Kühlraum

Gemauerte Kühlräume

Raummaße

Bodenfläche: 8 m² reichen für 1 Rind bzw. 2 Schweine
Raumhöhe: 250–260 cm für Schweinehälften und Rinderviertel

Für beanstandete Tiere muss ein gesondertes Kühlraumabteil vorhanden sein.

Fußböden

Frost- und rutschsichere Verfliesung.

Wände und Decken

Frostsichere Verfliesung oder lebensmittelechter und temperaturbeständiger Anstrich.

Türe

Spezialkühlraumtür, mit Notöffner vom Kühlraum aus zu öffnen. Ein Sichtfenster in der Kühlraumtür ermöglicht die Kontrolle der Thermostate und des Feuchtigkeitsreglers von außen. Doppelte Gummilaschen verschließen das Loch für die Rohrbahn.

Beleuchtung und Belüftung

Eine Deckenleuchte erhellt den Raum. Bei regelmäßiger Benützung erfolgt die Be- und Entlüftung über die Tür, sonst müssen eigene Be- und Entlüftungsrohre eingebaut werden.

Einrichtungsgegenstände

Die Kühlmaschine wird in einem Nebenraum montiert. Kühlrohre sind unter der Decke angebracht. Auffangrinne mit einer Abflussleitung nach außen für das Kondenswasser unter den Kühlrohren montieren.

Auffangrinnen für Kondenswasser unter den Kühlrohren montieren.

Es darf kein Kondenswasser auf die Lebensmittel tropfen – große Keimgefahr. Fleischhaken an der Wand, Rohrbahn an der Decke, eventuell Stellagen aus Nirosta und lebensmittelgerechte Stapelgefäße, Wannen dürfen Boden und Wände nicht berühren. Verpackte Waren in Kartons oder Transportbehältern erfordern einen eigenen Kühlraum.

Umhülltes Fleisch (in Folien) kann mit nicht umhülltem Fleisch gemeinsam gelagert werden.

In der Kühlung für Fleisch dürfen keine Abfallbehälter für die Tierkörperverwertung oder Tiere mit Fell oder Federkleid sowie Tierhäute gelagert werden.

Temperatur

Ein Thermometer muss jederzeit die Raumtemperaturkontrolle ermöglichen. Die Kerntemperatur des Fleisches von +7 °C und die der Schlachtnebenprodukte von +3 °C darf nicht überschritten werden.

Kühlraumzellen

Vorteile

- Die Elemente können dem Raum angepasst werden
- sind rasch aufgestellt
- vor der Anschaffung Preisvergleiche anstellen!

Verarbeitungsraum

Betriebe mit geringer Produktion dürfen in einem Raum in zeitlicher Trennung Fleisch zerlegen, weiter verarbeiten und umhüllen.

Für die Fleischverarbeitung genügt eine quadratische Grundfläche.

Anforderungen an den Raum

- guter baulicher Zustand
- leicht sauber zu halten
- gut ent- und belüftbar, eventuell mit Dampfabzug und Entlüftungsschacht
- genügend erweiterungsfähige Anschlüsse für Wasser (Abwasch, Handwaschbecken, Kochgerät) und für Strom (Beleuchtung, Arbeitsgeräte, eventuell Kraftstrom vorsehen)
- Kaminanschlüsse für Holz- oder Gasfeuerung, zum Wasserbereiten, Kochen und Selchen
- für Tiere (Hunde, Katzen usw.) nicht zugänglich
- frei von Insekten und tierischen Schädlingen
- kein Aufbewahrungsort für zweckfremde Dinge, es dürfen nur Arbeitsgeräte und Kettenschürzen darin aufbewahrt werden.
- wasserundurchlässiger und rutschsicherer Fußboden
- geruchs- und schädlingssicherer Abfluss mit Fettabscheider

Wände und Decke

- glatt, hell, möglichst fugenfrei (Fliesen, Paneele) bis in Türstockhöhe
- der Übergang von Wand zum Boden mit Hohlkehle ausgestattet (leichtere Reinigung)
- Wand und Decke kalken und in guten Zustand versetzen (der Anstrich darf weder abblättern noch schimmeln)
- eine Rohrbahn an der Decke montieren; das erleichtert die Arbeit.

Türe

- Breite 110 cm (für alle Geräte durchgängig)
- korrosionsbeständig und leicht abwaschbar
- ohne Türschwellen

Beleuchtung und Belüftung

- ausreichende Arbeitsplatz- und Raumbeleuchtung, sowohl mit Tages- als auch mit Kunstlicht:
  - Raumbeleuchtung mindestens 120 lux
  - Arbeitsplatzbeleuchtung 220–400 lux
  - Fleischuntersuchungsbeleuchtung 540 lux
- auf schatten- und blendungsfreie Arbeitsplatzbeleuchtung achten
- auf Raumgröße abgestimmte Ent- und Belüftung, z. B. Ventilator mit Schutz vor dem Eindringen von Schädlingen
- Bedarf an Glühbirnen oder Leuchtstoffröhren berechnen.

Ein Arbeitsplatz soll ausreichend ausgeleuchtet sein!

Wasser

- Trinkwasserqualität (jährliche Untersuchung)
- Warmwasser von 85 °C in ausreichender Menge

Strom

Anschlüsse für folgende Arbeitsgeräte: Rinderknochensäge, Wolfgerät, Knetmaschine, Wurststopfgerät, Brühkessel, Warmwassergerät, Ventilator, Raum- und Arbeitsbeleuchtung.

Bei den Elektroanschlüssen die Querschnitte nicht zu klein wählen, damit bei Bedarf auch Gewerbegeräte angeschlossen werden können.

Die Anschlüsse für Elektrogeräte entsprechend dimensionieren.

Einrichtungsgegenstände

Maschinen

Sie können ausgeführt sein als

- Handgeräte (z. B. Schneiden, Füllgeräte)
- Zusatzgeräte für Küchenmaschinen
- Spezialgeräte (z. B. Fleischwolf, Speckschneider, Knet- und Füllgerät sowie Brühgerät)

Arbeitstisch

- 200 bis 300 x 90 x 90 bis 95 cm aus Nirosta, Kunststoff oder Aluminium, mit einer 2-cm-Leiste an der Vorderseite, um das Abrutschen von Gegenständen oder Fleischstücken zu vermeiden.
- Oberflächen müssen glatt, riss-, spaltenfrei und leicht zu reinigen sein.
- Für Geflügel ist der Arbeitstisch mit drei einhängbaren Behältern zum Ablegen der Innereien auszustatten.

verschiedene Fleischhaken

Hackstock

Kann aus Holz oder Kunststoff sein und ist bei Bedarf abzuhobeln.

Arbeitsbehelfe

- eine geeichte Waage auf dem Tisch oder an der Wand montiert
- mindestens 1 Schöpfer, 1 Kochlöffel, verschiedene Messer in einer Messerhalterung an der Wand (sie hilft, Ordnung zu halten, und vermindert die Gefahr von Verletzungen)
- Stapelbehälter aus Kunststoff oder Nirosta zum händischen Durchmischen des Wurstbräts
- 1 bis 2 Kunststoffschneidbretter
- Pökelbehälter aus Kunststoff oder Nirosta mit Ablassöffnung
- mehrere Wasserwannen zum Geflügelwaschen
- verschiedene Fleischhaken
- Fleischhacke zum Einhacken der Knochen
- Behälter für Gewürze
- Hilfsmittel (Därme, Verpackungsmittel)

Handwaschbecken

Handwaschbecken

- Mischbatterie mit Pedalbedienung oder Lichtschranke
- Flüssigseifen-, Desinfektionsmittel- und Papierhandtuchbehälter an der Wand montiert. Eine Desinfektionsmöglichkeit muss im oder neben dem Raum bestehen.

Abwaschbecken

- Mit Warm- und Kaltwasseranschluss

Selchvorrichtungen

Gemauerte Selchräume

Die Bauordnungen der einzelnen Bundesländer sind zu beachten! Die Bodenfläche muss mindestens 3 m² betragen. Bei kleinen Räumen kann sich die Feuerstelle unter dem Selchgut oder außerhalb des Selchraumes befinden. Die Sägespäne werden in einer abgedeckten Lade verräuchert. Bei großen Selchräumen ist die Entfernung vom Feuer zum Selchgut groß, der Rauchweg lang. Rußpartikel legen sich an den Wänden an, wodurch die Selchwaren eine schöne helle Farbe bekommen.

Die Feuerstelle kann unterhalb des Selchgutes oder außerhalb der Selchraumes liegen.

Die Temperatur bleibt gleichmäßig und hält lange an. Der gemauerte Selchraum kann zur Trocknung und Aufbewahrung für Fleischwaren genützt werden.

Türe

Sie muss brandbeständig sein; ihre Größe ist auf den Einschubwagen oder -korb abzustimmen.

Kamin

Ein isolierter Kamin erleichtert das Anfeuern. Der Rauchabzug und die Luftzufuhr müssen regulierbar sein.

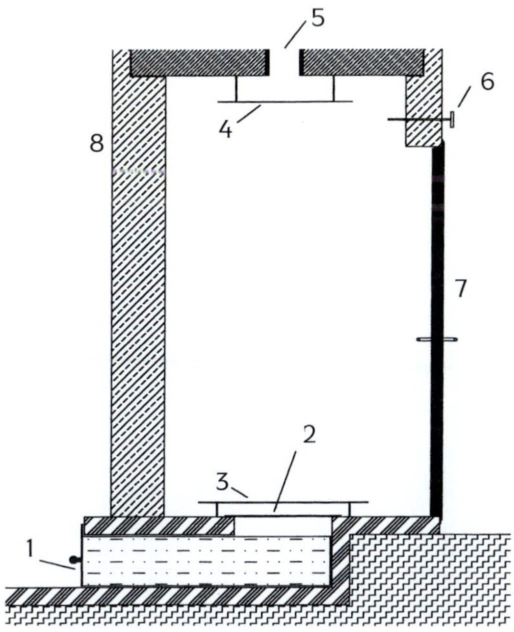

Skizze einer Räucherkammer

1 Smokelade von außen bedienbar
2 Lochblech über Raucheinlass
3 Prallblech über Lochblech
4 Prallblech über Rauchauslass
5 Kaminauslass
6 Temperaturfühler
7 Räucherkammertür, brandbeständig und luftdicht ausgeführt
8 Massiver Wandaufbau der Räucherkammer, besonders bei Angrenzung ins Freie

Boden

Ein Betonboden ist ausreichend, sollte aber glatt geschliffen sein.

Feuerstelle

Sie kann inner- oder außerhalb des Selchraumes sein. Befindet sich die Feuerung unter dem Selchgut (z. B. Lade, Grube), muss sie mit einem Metallgitter und Ziegelsteinen abgedeckt werden.

Durch Abdeckung fallen keine Fetttropfen auf die Glut.

Die Abdeckung hat folgende Vorteile: Die Brandgefahr wird bei Überhitzung gehemmt (Fetttropfen fallen nicht in die Glut). Beim Anfeuern lagert sich der kalte Ruß an den Ziegeln und nicht am Pökelgut ab.

Die Feuerstelle muss eine ausreichende Frischluftzufuhr erhalten (Schlitz oder Kanal). Befindet sie sich außerhalb der Selch, muss die Rauchführung (z. B. Kanal) so angelegt werden, dass die Rauchgase das gesamte Pökelgut erreichen.

Einrichtung

Eine große Arbeitserleichterung bringen einschiebbare Eisenwagen (Selchwagen), auf denen das Selchgut von der Erzeugung bis zur Lagerung ohne Umhängen transportiert werden kann.

Sind keine Selchwagen vorhanden, müssen Schienen an den Wänden zum Einhängen der Selchwaren angebracht werden.

Selchwagen

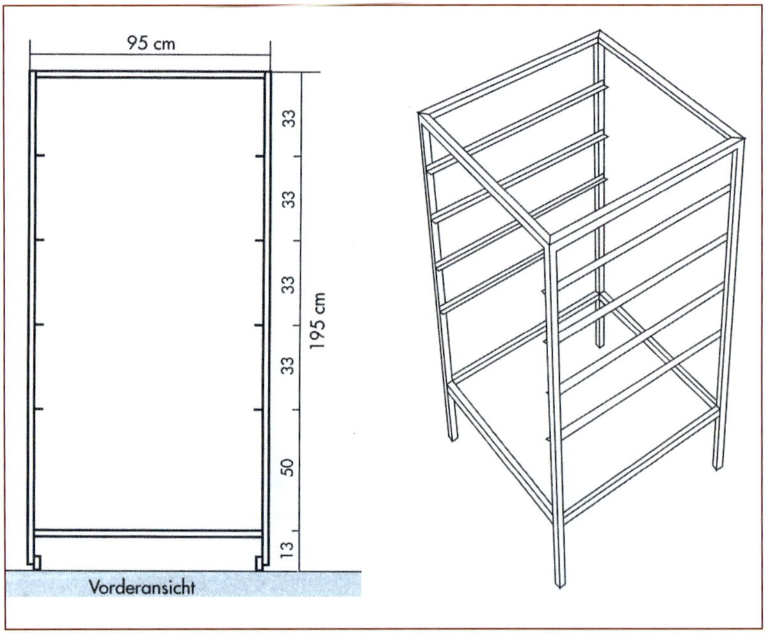

Schrank- und Kastenselch

Können in Schrank- oder Kastenform ausgeführt sein. In ihnen werden rasch hohe Temperaturen erreicht; sie kühlen aber auch rasch ab. Ausführung, Ausrüstung und Fassungsvermögen sind sehr unterschiedlich.

Bei Gewerbegeräten lassen sich die Selchtemperaturen beliebig einstellen. Es sind auch Selch- und Brühkombinationen verschiedener Fabrikate auf dem Markt.

Moderner Räucherschrank aus Edelstahl

Reifungs-, Trocknungs- und Lagerräume

Spezielle Reifungsräume, in denen das jeweilig gewünschte Raumklima vollautomatisch geregelt wird, sodass man auch im Sommer Rohwürste mit Belägen erzeugen kann, sind in Bauernhäusern wegen der hohen Investitionskosten selten anzutreffen. Im bäuerlichen Bereich erfolgt die Reifung und Trocknung oft in verschiedenen Räumen (z. B. Selch, Keller, Speis, Vorrats- und Trockenraum).

Ein gutes Raumklima wird erreicht durch

- nordseitige Lage
- gebrannten Ziegelboden
- gut isolierte Wände und Decken aus Holz oder Ziegeln mit Kalkputz und Kalkanstrich. Holz, Ziegel und Kalkmörtel speichern die überschüssige Luftfeuchtigkeit und geben sie bei Bedarf wieder an den Raum ab
- Betonwände erzeugen ein zu trockenes Raumklima, wodurch Reifungs- und Trocknungsfehler entstehen können.

Ent- und Belüftung eines Reifungs- und Trocknungsraumes

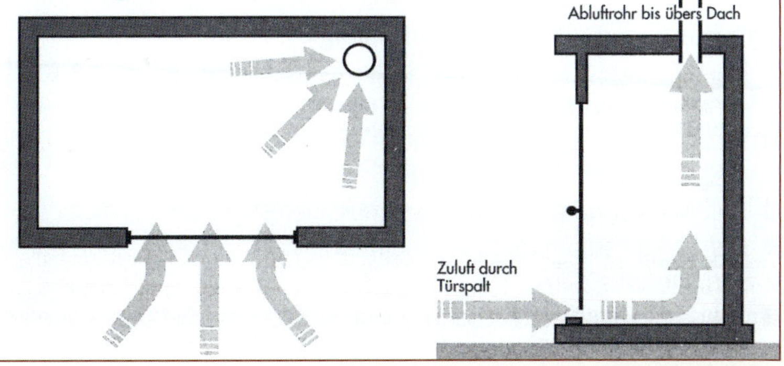

Fenster

Die Fenster müssen einbruch-, mäuse- und insektensicher sowie abdunkelbar sein.

Tür

Die Türbreite ist auf die Selchwagenbreite abzustimmen.

Ent- und Belüftung

Ein guter Trockenraum hat die kühle Frischluftzufuhr in Bodennähe; die bis über das Dach geführte Luftabfuhr diagonal dazu in Deckennähe. Die Öffnungen müssen regulierbar, mäuse- und insektensicher sein.

Einrichtung

Entweder Eisengestelle (z. B. an der Decke), in denen die Holzstangen mit Fleischwaren eingehängt werden, oder fahrbare Eisenwagen (Selchwagen).

Verkaufsraum

Bei regelmäßigem Ab-Hof-Verkauf ist ein Verkaufsraum von Vorteil.

Werden Erzeugnisse regelmäßig ab Hof verkauft, muss ein Verkaufsraum vorhanden sein. Man kann ihn für den Verkauf bestimmter Warengruppen (z. B. Fisch, Geflügel) oder gemischter Waren einrichten.

Vorteile eines Verkaufsraumes

- Der Kunde sieht das vielfältige Warenangebot.
- Die Waren können entsprechend präsentiert werden, was den Einkauf erleichtert.
- Der Kunde betritt nur einen Raum des Hofes.
- Ein Raum ist leichter sauber zu halten als mehrere.
- Der Verkaufsraum kann ein guter Werbeträger sein.

Anforderungen an den Verkaufsraum

- Die Größe des Verkaufsraumes hängt von der Menge und der Art der verkauften Produkte ab.
- Hinweistafeln, auf denen auch die Öffnungszeiten stehen, zeigen den Weg zum Verkaufsraum.
- Der Weg vor dem Verkaufsraum muss befestigt sein.
- Der Verkaufsraum muss in einem tadellosen Zustand sowie gut be- und entlüftbar sein.
- Für den Verkauf von Fleischprodukten, Fisch und Geflügel sollten die Wände verfliest sein.

Beispiel eines Fleischverkaufsraumes

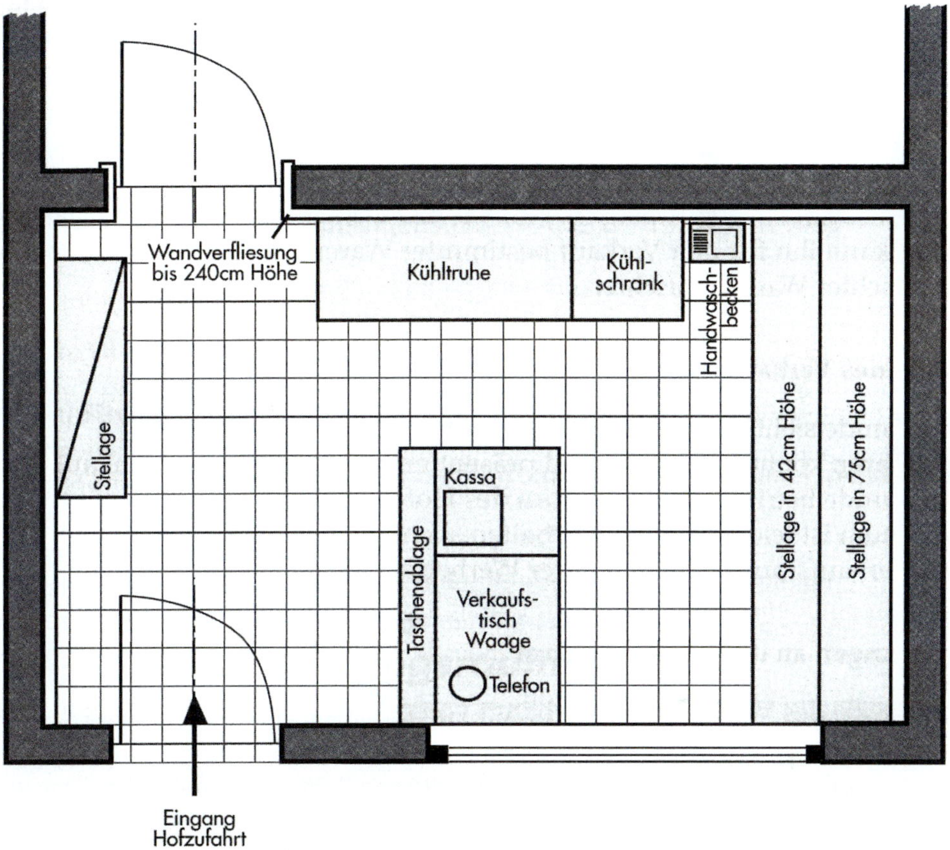

- Eine für den Kunden gut ablesbare Preistafel ist im Verkaufsraum aufzustellen oder aufzuhängen.
- Fotos von der Erzeugung der Fleischprodukte, einzelner Fleischteile und deren Verwendung in der Küche verschönern den Raum und geben den Kunden wertvolle Informationen.

Beleuchtung

- Für genügend Tages- und Kunstlicht sorgen!
- Die Arbeitsplätze mit schattenfreier Beleuchtung ausstatten!

Einrichtung

- an der Wand montierte rostfreie Metallschiene für das Aufhängen der Dauerwaren

- Wandregale für andere Lebensmittel
- Regale für Verpackungsmaterial
- Messerhalterung an der Wand für mehrere Messer
- 1 bis 2 Schneidbretter aus Kunststoff
- Verkaufstisch (200–300 x 60 x 80–90 cm) für das Zurichten, Verpacken und Abwiegen
- der Kassentisch sollte aus hygienischen Gründen nicht mit dem Verkaufstisch verbunden sein
- Handwaschbecken (mit Seifenspender, Papierhandtüchern, Desinfektionsmitteln) wird dringend benötigt, denn nach dem Umgang mit Geld sind die Hände stets zu reinigen!

Kühlung

Empfindliche Lebensmittel müssen gekühlt werden!

Wenn der Verkaufsraum nicht unmittelbar an den Verarbeitungsraum angrenzt, müssen empfindliche Lebensmittel (Frischfleisch, Kochwürste, Milchprodukte usw.) im Verkaufsraum in einem Kühlgerät aufbewahrt sein (Standgerät oder Kühlvitrine), damit unnötige Schritte erspart werden.

Die Kühlvitrine hat den Vorteil, dass die Waren übersichtlich geordnet präsentiert werden können. Geflügel und Fleisch müssen so gelagert werden, dass sie mit anderen Lebensmitteln nicht in Berührung kommen.

Überladene Kühlvitrinen regen nicht zum Kauf an, wohl aber angeschnittene Wurst- und Fleischstücke.

Bei der Direktvermarktung wird der Umfang der Produktion größer. Um Arbeitszeit zu sparen, Qualität zu erzeugen und die Gesundheit der Arbeitskraft zu erhalten, müssen arbeitserleichternde Geräte angeschafft und Arbeitsräume neu geschaffen oder entsprechend eingerichtet werden.

Im Falle einer Erweiterung oder Spezialisierung sind möglicherweise die Anschlusswerte zu erhöhen, Stellflächen zu vergrößern sowie andere Geräte anzuschaffen. Viele Geräte (z. B. Schöpfer, Messer) sind schon für die Mindestausstattung notwendig und bleiben von der Anzahl und Ausführung her bei einer Spezialisierung gleich.

Die folgende Aufstellung soll helfen, notwendige Änderungen festzuhalten:

Ausstattung von Räumen mit Geräten für die Hausschlachtung und Direktvermarktung

	mindestens wie bei Hausschlachten	bei Produktionsausweitung und Spezialisierung
Schlachten		
Platz	Raum	Schlachtraum
Einrichtung	Wasserkessel Haartrog Schragen	Brüh- und Enthaarungsmaschine Abflammgerät Rohrbahn
Arbeitsgeräte	Bolzenschussapparat 2 Eimer zum Wassertragen 1 Schöpfgefäß mit Stiel 1 170 cm lange Haarkette 1 Schabeglocke 1 Stichmesser 1 Fleischmesser 1 Knochensäge oder Fleischhacke mehrere Fleischhaken für Innereien 1 Schneerute zum Blutrühren Gefäße für Blut und Gedärme	Betäubungszange 1 Stichmesser 1 Fleischmesser 1 Knochensäge oder Fleischhacke mehrere Fleischhaken für Innereien 1 Schneerute zum Blutrühren Gefäße für Blut und Gedärme
Kühlen		
Raum	Keller, Speis usw. im Winter	Kühlraum
Einrichtung	Holzschragen oder Metallhaken an der Wand	Metallhaken an der Wand
Verarbeiten		
Raum	Wirtschaftsraum oder auf mehrere Räume aufgeteilt (Speis, Küche usw.)	Wirtschaftsraum oder ein eigener Fleischverarbeitungsraum
Einrichtung	Arbeitstisch, Wolfgerät als Hand- oder als Zusatzgerät zur Küchenmaschine, Knetwanne, Füllrohr zum Handwolfgerät, Küchenherd zum Brühen, Abwasch, Hackstock, Waage	Arbeitstisch, Spezialwolf, Speckschneider, Knetgerät, Wurststopfgerät, eigener Herd oder elektri--sches Brühgerät, Handwaschbecken, Abwasch, Hackstock, Waage
Arbeitsgeräte	1–2 Auslösmesser, 1 Rippenlöser, 1–2 Fleischmesser, 1 Streicher, 1 Knochensäge, 40 cm lang, oder Fleischhacke, 1 Messerschleifgerät, 1–2 Schöpfer, 1–2 Kochlöffel, 1 Knoblauchpresse, 1 Stichthermometer, 1–2 Kunststoffschneidbretter, Mehrere Gefäße in verschiedenen Größen für Fleischabschnitte, Wurstbrät, Knochen, Zwiebel oder Knoblauch, 1 große Pfanne zum Fettzerlassen oder Zwiebelrösten, 1 Auskühlgefäß für Fett, Vorratsbehälter oder Spezialsäckchen für Fett und Grammeln für den Verkauf, Brühgerät, mehrere Töpfe zum Brühen	

Fortsetzung von Seite 37	mindestens wie bei Hausschlachten	bei Produktionsausweitung und Spezialisierung
Einfrieren	1 Gefriergerät	1 Gefriergerät
Pökeln		
Raum	Wirtschaftsraum, Speis	Kühlraum
Einrichtung	1 Pökelfass mit Deckel und Gewicht, oder Tische, Raumthermometer, 1 Kochgefäß für Lake, 1 Gefäß für Salz und Gewürze	1 oder mehrere Pökelfässer mit Deckel, oder Tische, Raumthermometer, 1 Kochgefäß für Lake, 1 Gefäß für Salz und Gewürze
Selchen		
Raum	Schrank oder Raum	Selchraum
Einrichtung	Eisenschiene an der Wand zum Einhängen der Holzstangen	1 bis 2 Selchwagen
Reifen und Trocknen		
Raum	oft über mehrere Räume verteilt	oft über mehrere Räume verteilt, mit spezieller Klimaanlage
Einrichtung	Aufhängung an der Decke (Fleischhimmel)	Eisenwagen für Fleisch
Messgeräte	Raumthermometer, Hygrometer (misst die Feuchtigkeit), Psychrometer (Be- und Entfeuchtungsmesser in Klimaanlagen), Anemometer (Luftgeschwindigkeitsmessgerät)	

Reinigung von Verarbeitungsräumen und -geräten

- Vorreinigen mit lauwarmem Wasser, nicht zu heiß, denn das Eiweiß gerinnt sonst und hinterlässt einen gelblichen Belag auf der Arbeitsfläche.
- Eiweiß und Fettreste in 65 °C heißer Sodalauge mit Bürste entfernen und mit viel klarem Wasser nachspülen.
- Eiweiß und Fett verbindet sich mit dem Kalk des Wassers zu einer schwer zu entfernenden Schicht. Die graubraune Masse bildet eine Brutstätte für viele Bakterien und ist mit Säuren zu entfernen (Essig-, Zitronensäure). Diese schädigen jedoch den Fugenmörtel der Verfliesung und machen die Gummiringe porös.
- Das Nasswerden der Raumdecken muss verhindert werden, denn auch dort können sich Keime (Schimmel, Hefen) ansiedeln.
- Vor jeder Desinfektion gründlich reinigen; Räume und Geräte, die längere Zeit nicht in Gebrauch waren, sind vor der Inbetriebnahme zu desinfizieren, aber auch während des Betriebes sind regelmäßige Desinfektionen notwendig.
- Die verwendeten Reinigungs- und Desinfektionsmittel müssen für den Lebensmittelbereich zugelassen sein.

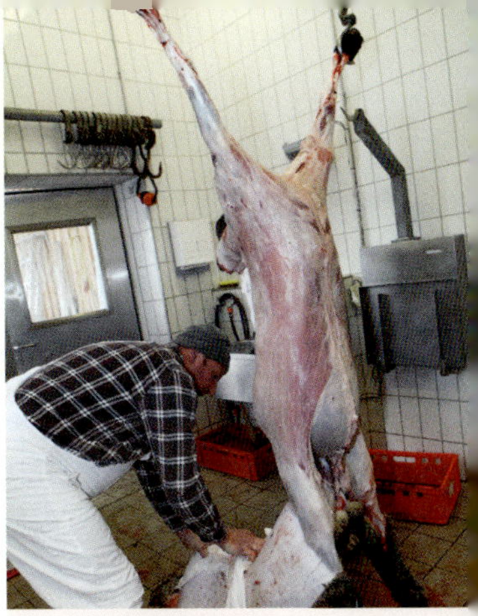

Das Schlachten u. Zerteilen der Tiere

Das eigentliche Schlachten und Ausweiden

Behandlung des Schlachtkörpers

Frischfleisch-Hygieneverordnung

Das eigentliche Schlachten und Ausweiden

Um schonend und rationell zu schlachten, sind ein gut ausgestatteter Schlachtraum sowie ein Schussapparat oder eine Zange erforderlich.

Zuerst wird das Tier mittels Bolzenschussapparat (bei Großtieren und Zuchtsauen) bzw. mittels Elektrozange (bei Schweinen) betäubt. Zweck des gemäß den Tierschutzbestimmungen geforderten Betäubens ist das Schmerzfreimachen und die leichtere Handhabung der Tiere.

Richtiges Betäuben bringt eine gute Fleischqualität. Der zeitliche Abstand zwischen Betäuben und Stechen darf nicht zu lange sein (ideal sind 10 bis 15 Sekunden). Blutunterlaufenes Fleisch kann durch Verletzungen beim Viehtrieb oder durch mangelhaftes Betäuben entstehen. Die Tiere sind so ruhig zu stellen, dass daraus keine unnötige Aufregung, Schmerzen oder Verletzungen entstehen und eine problemlose Betäubung gewährleistet ist.

Tiere 8–12 Stunden vor der Schlachtung nicht mehr füttern.

Töten bzw. Stechen der Tiere

Das Stechen bei Schweinen kann im Hängen oder Liegen erfolgen. Damit die Tiere besser ausbluten und leichter an ihnen gearbeitet werden kann, sollten die betäubten Tiere zum Stechen aufgehängt werden. Dazu ist ein Aufzug notwendig. Wird das Tier nach dem Betäuben bewegt, können wertvolle Fleischteile verletzt werden.

Quelle: Karl Schermer GmbH u. Co. KG; Gebrauchsanleitung und technische Beschreibung für die Schermer-Viehschussgeräte

Ansatzpunkte des Schussapparates

Beim Stechen im Liegen ist diese Gefahr geringer, andererseits kann es zu falschen Einstichen kommen. Laut Schlachtverordnung dürfen Rindern die Adern nur hängend aufgeschnitten werden.

Stecharten

- Halsbruststich (– Saustich): Schweine, Rinder, Pferde
- Aderschnitt (Aufschlitzen der Schlagader): Rinder, Pferde
- Halsstich (= Durchstechen des Kehlkopfes): Schafe, Ziegen, Kälber

Häuten und Ausweiden (Rinder, Kälber)

Achtung auf die Gallenblase!

Vorder- und Hinterfüße abtrennen, die Hörner einhacken und, vom Kinn beginnend, bis zum After abhäuten. Dabei beginnt man bei den Klauenrändern und schneidet bis zur Mittellinie vor. Das weitere Abziehen erfolgt mit dem Häutemesser. Männliche Geschlechtsteile und Euter werden entfernt. Beim Ausweiden entfernt man zuerst das Bauch- und dann das Brusteingeweide. Das Schambein wird gespalten; dazu verwendet man eine Säge, eine Hacke oder eine Kliebpraxe. Danach werden die Eingeweide, vom After beginnend, gelöst und herausgenommen. Achtung auf die Gallenblase!

Schließlich werden die Brusteingeweide herausgenommen.

Brühen (Schweine)

Das Schwein wird gebrüht, enthaart und vier Minuten lang in 65 °C heißes Wasser eingelegt. Dabei gerinnen die oberen Hautschichten, die

Borsten werden gelockert. Erfolgt das Enthaaren per Hand, muss das Schwein vorher mit Kolophonium (Saupech) bestreut werden.

Nach dem Brühen werden die Klauen entfernt, die restlichen Borsten mit einer Gasflamme abgebrannt bzw. mit einem Messer abgeschabt und mit Wasser gereinigt. Schließlich werden die äußeren Gehörgänge und Augen entfernt und nochmals mit kaltem Wasser nachgereinigt (geduscht).

Tipp!

Soweit möglich, Schlundstöpsel beim Brühen hineinstecken (Vorschlag: auch Stichwunde und After verschließen).

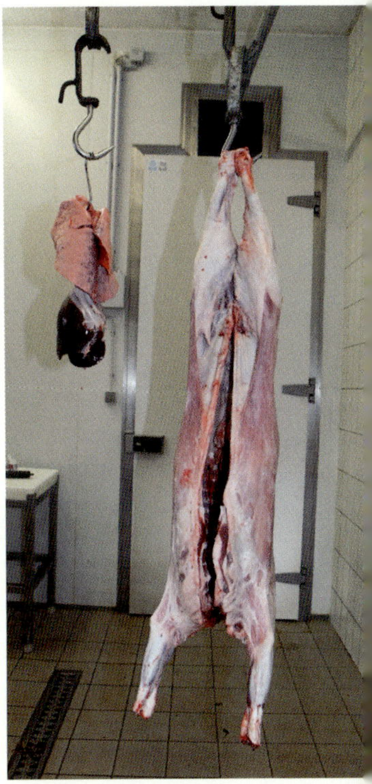

Schlachtkörper und Innereien werden gemeinsam beschaut.

Aufbrechen

Bauch öffnen, Därme und Harnblase ohne Verletzung des Verdauungsapparates entfernen. Trennung des Brustbeines, Entfernung der restlichen Innereien (Lunge, Leber, Herz). Auch Filz (Schmer) und die Nieren werden entfernt.

Für die Beschau

Der Schlachtkörper und seine Innereien müssen gemeinsam beschaut werden.

Blutgewinnung

Sobald Blut mit Luftsauerstoff zusammenkommt, bildet sich so genanntes „Fibrinogen". Das Blut stockt. Da derartiges Blut für Blutwurst und andere Erzeugnisse ungeeignet ist, muss das Stocken unterbunden werden. Zum Beispiel durch

- Rühren und Entfernung fester Teile
- Zusatz calciumbindender Substanzen: Citrate, Phosphate, Oxalat

Behandlung des Schlachtkörpers

Nach dem Schlachtvorgang muss der bereits in Hälften vorhandene Tierkörper gekühlt werden.

Er wird sofort in den Kühlraum gebracht und von Anfang an bei Temperaturen von 0 bis maximal 2 °C gekühlt. Die optimale Temperatur von Lagerkühlräumen für Fleisch ist –1 bis +2 °C. Eine geringe Luftbewegung sollte vorhanden sein (0,1 bis max. 0,3 m/sec). Luftstauungen zwischen den Schlachtkörpern sind zu vermeiden. Optimal sind 90 bis max.

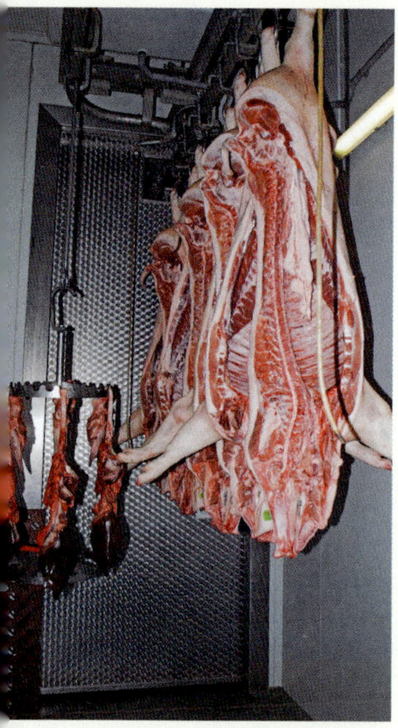

Fleischreifung im Kühlraum

95 % relative Luftfeuchtigkeit. Ist die Luftfeuchtigkeit zu gering, trocknet das Fleisch an der Oberfläche aus und wird unansehnlich. Ist sie zu hoch (über 95–100 % relative Luftfeuchtigkeit), bilden sich an der Fleischoberfläche Schmierbeläge. Das Fleisch verdirbt durch Oberflächenwachstum von Verderbniskeimen. Auf entsprechende Regeleinrichtungen ist daher bereits beim Bau eines Kühlraumes zu achten.

Probleme bei der Kühlung

Bei Überbeschickung ist meist die Aggregatkapazität zu klein, d. h., die Kälteleistung des Aggregates reicht nicht mehr aus, um die gesamte Fleischmenge zu kühlen. Es bildet sich am Verdampfer Eis, das den Kälteübergang blockiert und somit die Leistung des Aggregates noch mehr verringert.

Ist der Kühlraum unterbeschickt, so entzieht der Verdampfer der Luft zu viel Wasser bzw. es sind zu wenig Tierkörper vorhanden, um genug Feuchtigkeit an die Luft abzugeben. Es wird eine zusätzliche Befeuchtung der Luft notwendig, da sonst eine zu geringe Luftfeuchtigkeit im Kühlraum herrschen würde.

Probleme ergeben sich auch, wenn die Kühlaggregate im Vergleich zur Raumgröße bzw. Kühlfläche zu schwach ausgelegt sind. Die dann notwendige größere Temperaturdifferenz zwischen Raumluft und Verdampfertemperatur führt zum intensiveren Feuchtigkeitsentzug der Luft. Das bedeutet, dass die gekühlt abgegebene Luft zu trocken ist. Eine Befeuchtung ist dann unerlässlich oder zu starke Abtrocknung der Fleischoberfläche ist die Folge.

Das Endprodukt soll ein gut durchgekühltes, an der Oberfläche trockenes, jedoch nicht ausgetrocknetes Fleisch sein.

Bedeutung der Fleischreifung

Beim Eintritt des Todes muss in den Zellen genügend Glycogen (Muskelzucker) vorhanden sein.

Voraussetzungen dafür sind:

- eine kohlenhydratreiche Fütterung in den letzten Wochen und am Schlachttag
- ein stressfreies Töten

Kurz nach dem Schlachtvorgang setzen im Fleisch Abbauprozesse ein, wobei das Glycogen zu Milchsäure abgebaut wird; dabei entsteht die Totenstarre. Die Milchsäure im Fleisch verbessert den Geschmack und die Haltbarkeit, da sich die Fäulnisbakterien im sauren Milieu schlecht vermehren können. Das Gelingen von Rohwürsten und Pökelwaren hängt auch vom Milchsäuregehalt des Fleisches ab. Bei gestressten Schweinen und falscher Kühlung kann der Abbauprozess überstürzt erfolgen; dabei werden die Muskelzellen zerstört und der Fleischsaft tritt aus. Derartiges Fleisch wird als PSE-Fleisch bezeichnet. Der pH-Wert bei der Schlachtung von 5,9 bis 6,2 ist nach einer Stunde auf 5,2 bis 5,4 gesunken.

Befindet sich zu wenig Glycogen in den Muskelzellen (z. B. falsche Fütterung bei alten Kühen und Sauen), kann sich zu wenig Milchsäure bilden, und die Totenstarre tritt mangelhaft ein.

Solches Fleisch wird DFD-Fleisch genannt; es ist verderbnisanfällig, da der pH-Wert nicht tief genug absinken kann. Eine stabile Haltbarkeit ist dadurch nicht gewährleistet.

Langsame Abkühlung bei Rindern

Das schlachtwarme Rindfleisch soll in zehn Stunden nicht unter 10 °C gekühlt werden, daher soll das Fleisch am Anfang einige Stunden bei Raumtemperatur hängen und danach rasch im Kühlraum abkühlen.

Rindfleisch soll am Anfang einige Stunden bei Raumtemperatur abhängen.

Zu niedrige Anfangstemperaturen verkürzen die Muskelfasern. Dadurch wird das Fleisch zäh und verliert mehr Fleischsaft.

Nach dem Eintritt der Totenstarre entwickelt das Fleisch eine spezifische Reifungsflora, die zusammen mit dem tiefen pH-Wert und fleischeigenen Enzymen die Totenstarre lösen und eine Fleischreifung hervorrufen. Auch diese Vorgänge laufen genauso, wie die vorher beschriebenen, von Tierart zu Tierart in folgender Reihenfolge verschieden lang ab:

Fleischart	Lager-/Reifezeit
Geflügelfleisch	einige Stunden
Schweinefleisch	1–3 Tage
Schaffleisch	3–5 Tage
Kaninchenfleisch	3–5 Tage
Kalbfleisch	mindestens 7 Tage
Rindfleisch	7–14 Tage

Das ist der Grund, weshalb eine gute Fleischqualität auch eine entsprechend lange Lager- bzw. Reifezeit benötigt. Bei Rindfleisch beträgt diese Zeit mindestens 10 bis 14 Tage! Gerade die Reifezeit hat den größten Einfluss auf ein zartes, saftiges, wohlschmeckendes und appetitlich aussehendes Fleisch.

Freilich sind bei dieser langen Reifezeit nicht zu übersehende Gewichtsverluste die Folge (2–4 %), doch kann der Konsument nur durch eine optimale Fleischqualität zum Kauf bewogen werden. Dieser Verlust könnte durch einen etwas höheren Preis wieder abgedeckt werden, denn es sollte nicht die Quantität tonangebend sein, sondern die Qualität.

Das Fleischuntersuchungsrecht

Die Untersuchung gliedert sich in die Schlachttieruntersuchung (= Lebendbeschau auf sichtbare Erkrankungen) und die eigentliche Fleischuntersuchung. Bei Notschlachtungen kann die Lebenduntersuchung entfallen.

Hausschlachtung für den Eigenverbrauch

Zu untersuchen sind auf jeden Fall Rinder und Notschlachtungen.

Hausschlachtung ist rechtlich die Schlachtung am Hof für den Eigenbedarf (für im Haushalt lebende Familienmitglieder und Betriebsangehörige). Die Hausschlachtung von Schweinen, Kälbern, Schafen und Ziegen ist nicht untersuchungspflichtig, zu untersuchen sind jedoch Rinder und jede Notschlachtung!

Schlachtung für Verköstigung und Vermarktung

In diesem Fall besteht die Beschaupflicht für alle Tiere, die Schlachtung, Zerlegung und Verarbeitung muss in veterinärbehördlich genehmigten Räumen erfolgen! Verkaufseinrichtungen werden durch die Lebensmittelaufsichtsbehörde kontrolliert. Durch die Behörde sind regelmäßig Hygienekontrollen der Räume, der Arbeitsabläufe, des Personals und der Eigenkontrolle (Aufzeichnungen über Schlachtungen, Ein- und Ausgang, Kühlung, jährliche mikrobiologische Trinkwasseruntersuchung, Untersuchungen nach der Fleischverarbeitungsverordnung) durchzuführen.

Bei der Fleischbeschau müssen die Innereien dem jeweiligen Schlachtkörper zugeordnet sein.

Die beabsichtigte Schlachtung ist rechtzeitig beim Fleischuntersuchungsorgan anzumelden; nach der Schlachttieruntersuchung gilt die Schlachtgenehmigung 24 Stunden. Die Fleischuntersuchung hat unmittelbar nach der Schlachtung zu erfolgen (neuerliche Meldung).

Dazu ist der Tierkörper abgehäutet (Ausnahme: Schwein, entborstet), längs gespaltet (Ausnahme Spanferkel, Lämmer, Kitze) aufzuhängen; die Innereien müssen den jeweiligen Schlachtkörpern zuordenbar sein.

Kennzeichnung

EU-Tauglichkeitskennzeichnung

Land (AT = Österreich)
Schlachtnummer
Tierarztnummer
Kennzeichnung Europäische Wirtschaftsgemeinschaft

Erfolgt bei nichtbeschaupflichtigen Hausschlachtungen auf Wunsch eine Beschau, so wird der Tierkörper nicht gekennzeichnet, sondern nur ein Untersuchungsschein ausgestellt.

Für den menschlichen Genuss taugliche Tierkörper werden gekennzeichnet:

Unter 65 kg: beidseits Schulter und Hinterschenkel außen
Über 65 kg: beidseits Schulter, Brust bei Schaufelknorpel, Rücken/Lendenbereich, Rücken/Brustbereich, Hinterschenkel außen

Auf Wunsch wird ein Untersuchungsschein ausgestellt.

Die Untersuchungskennzeichen *„tauglich für den innerösterreichischen Verkehr"* sind rund und weisen die Abkürzung des Bundeslandes und die Nummer des Untersuchungsorgans auf.

Erfolgt die Schlachtung in einem für den innergemeinschaftlichen Verkehr (EU) zugelassenen Betrieb, so weist das ovale Untersuchungskennzeichen oben die Buchstaben AT (= Autriche), in der Mitte die Veterinärkontrollnummer des Betriebes, darunter die Nummern der Kontrollorgane auf.

Frischfleisch-Hygieneverordnung

Durch die 1996 vorgenommene Rechtsänderung werden die bisher für landwirtschaftliche Betriebe gewährten Ausnahmen aufgehoben. Bei Schlachtbetrieben wird nur mehr zwischen Groß- und Kleinbetrieben unterschieden. Die Grenze liegt bei 1000 geschlachteten Großvieheinheiten (GVE) pro Jahr bzw. 20 GVE pro Woche. Somit unterliegen alle Schlachtungen in landwirtschaftlichen Betrieben (auch Einzelschlachtungen, soweit sie in Verkehr gebracht werden) den Bestimmungen für Betriebe mit geringer Produktion.

Durch diese Gleichstellung mit den Gewerbebetrieben sind auch die Verkehrsbeschränkungen bzw. das Verpackungsverbot aufgehoben. Landwirte haben somit die Möglichkeit, Fleisch verkaufsfertig vorzuverpacken und z. B. Selbstbedienungsgeschäfte zu beliefern.

Die Möglichkeit der Kooperation mehrerer Landwirte an einer Schlachtstätte ist im Gesetz ausdrücklich vorgesehen.

Für Landwirte, die nicht selbst schlachten, sondern nur das Fleisch ihrer in einem Gewerbebetrieb oder Schlachthof geschlachteten Tiere zerlegen, gelten dieselben Bedingungen, die beispielsweise für Kleinverkaufsstellen (z. B. Fleischabteilungen von Supermärkten) Gültigkeit haben.

Diese Anforderungen sind nicht so aufwändig wie jene für selbstschlachtende Betriebe. Das Fleisch solcher Betriebe unterliegt aber einer Verkehrsbeschränkung. Es darf nur ab Hof direkt an den Letztverbraucher abgegeben werden.

Mit 1.6.2003 trat laut Frischfleisch-Hygieneverordnung der Paragraph 18 in Kraft. Alle Direktvermarkter von Fleisch und verarbeiteten Produkten müssen in vorgeschriebenen Abständen Hygienetests am Schlachtkörper vor der Kühlung und in den Räumen sowie an den Geräten durchführen und diese untersuchen lassen. Die Ergebnisse sind 18 Monate aufzubewahren.

Zerteilen verschiedener Schlachtkörper

- Zerteilen eines Schweines
- Zerteilen eines Rindes
- Zerteilen von Schaf und Wild
- Schlachten von Geflügel
- Fehler beim Schlachten, Ausweiden und Kühlen

Zerteilen eines Schweines

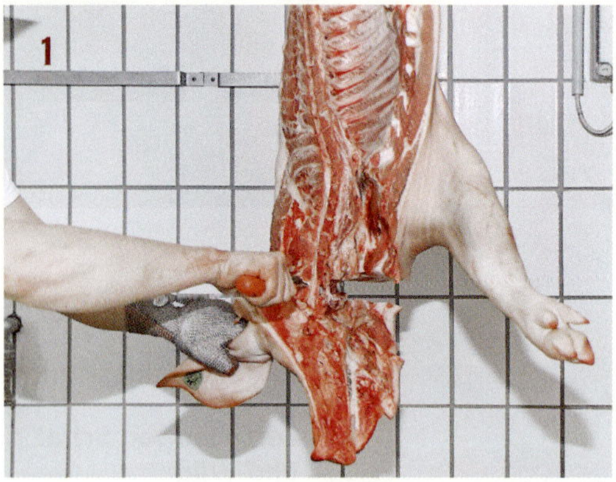

Grobzerteilung Schwein

Kopf

Beim Absetzen des Kopfes hinter dem Schädelknochen den ersten Wirbel durchtrennen (Abb. 1).

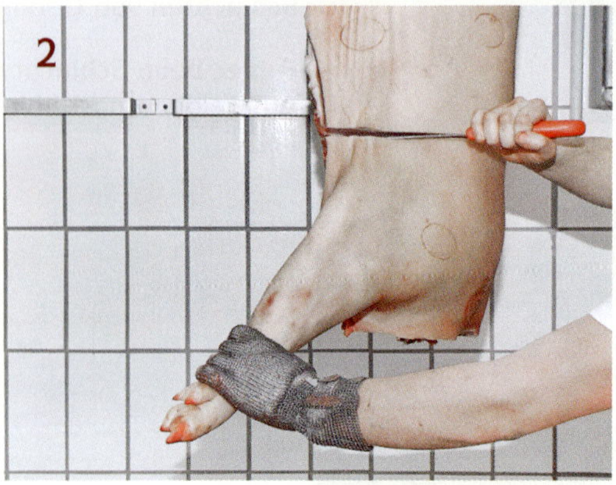

Schulter

Zum Abteilen der Schulter über dem Stelzenansatz (ca. 5. Rippe) einige Zentimeter einschneiden und zwischen Brustrippe und Schulter am Bindegewebe entlangschneiden (Abb. 2 und 3).

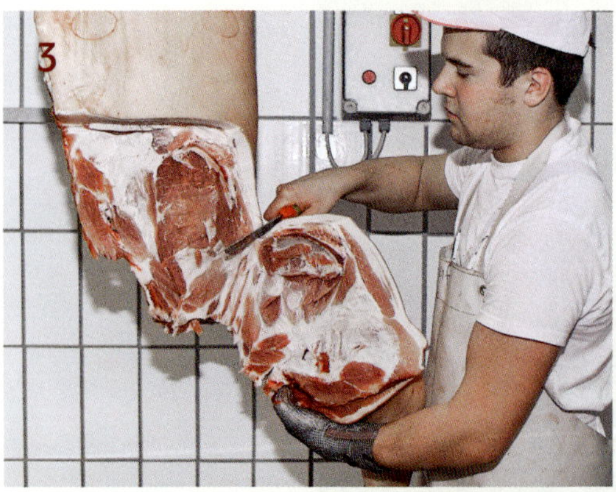

Bauch

Beim Schinken beginnend, das Fleisch bis zum Knochen in Richtung Schopf zwischen Karree und Bauch mit dem Messer einschneiden, dann mit der Knochensäge die Knochen durchtrennen. (Abb. 4)

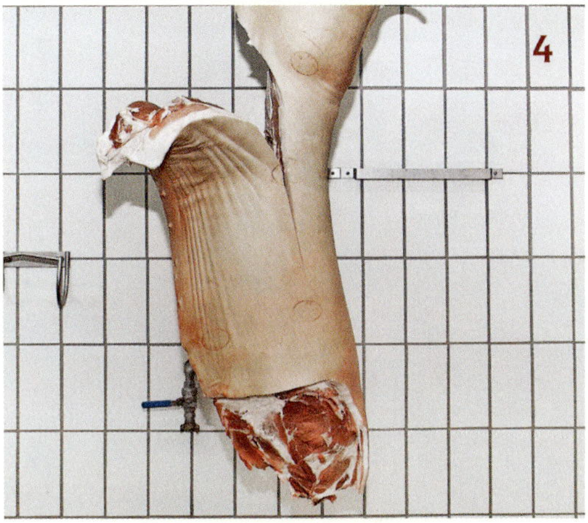

Karree

Das Fischerl (Filet) am Beckenknochen beginnend herauslösen. Am ersten Wirbel nach der Krümmung der Wirbelsäule das Karree vom Schinken abtrennen (Abb. 5).

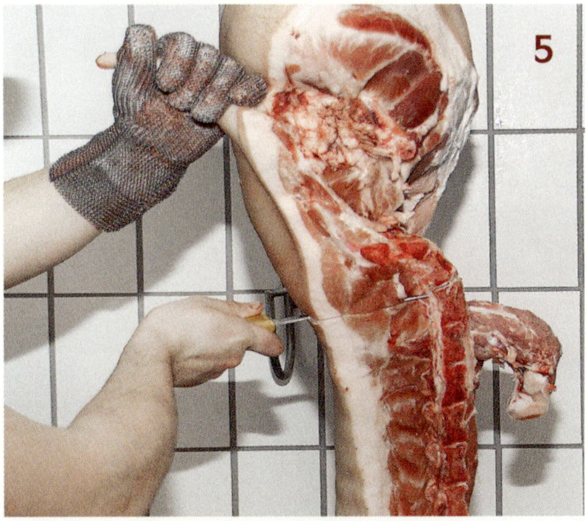

Feinzerteilung Schwein

Schulter

Das Haxl abbiegen und genau am Gelenk von der Schulter (Stelze) abtrennen (Abb. 6). An der Falte zur Tasche beim Ellbogengelenk einschneiden und die Stelze von der Schulter absetzen (Abb. 7, S. 50).

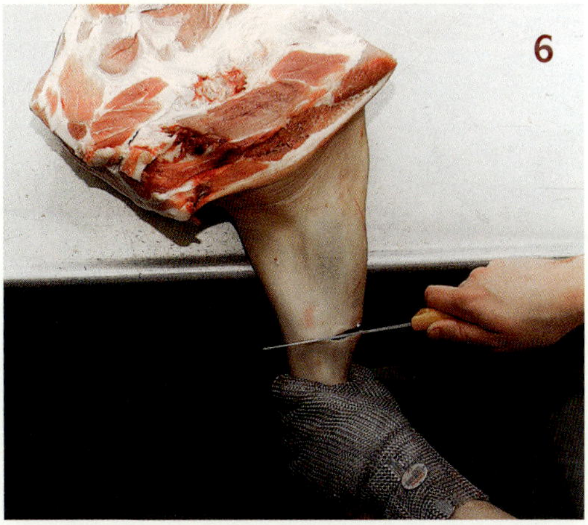

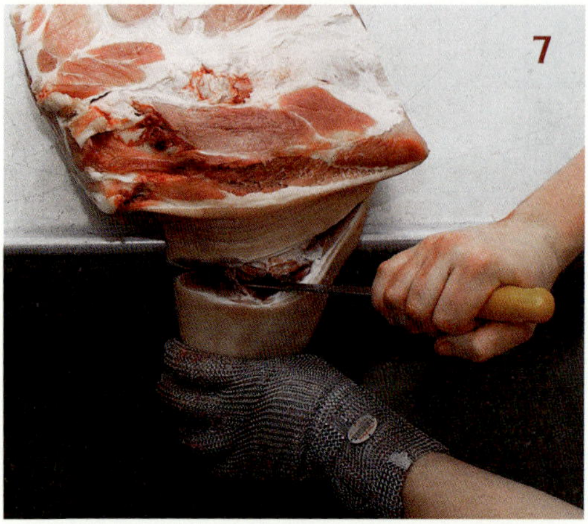

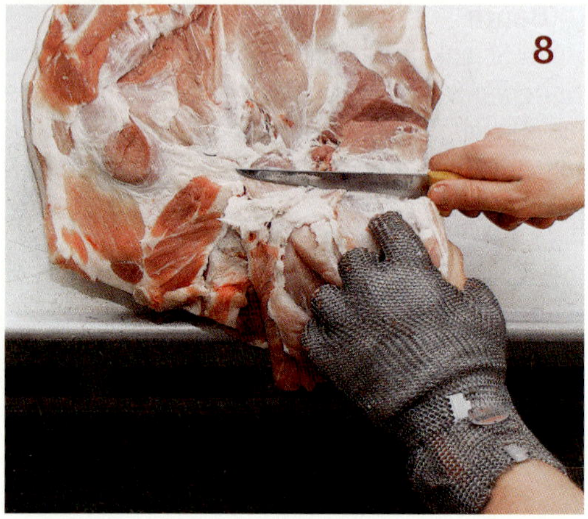

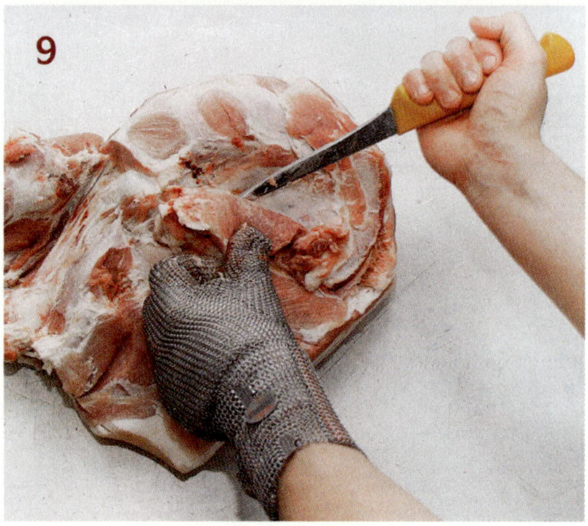

Zwischen Schulterblatt und Stelze befindet sich die Tasche, die ca. eine Hand breit ist und mit dem Messer herausgelöst wird (sichtbar am Gewebeverlauf) (Abb. 8).

Herauslösen des Schulterblattknochens: Schulterblattdeckel (= Fleisch auf dem Schulterblatt) ablösen, am Schulterblattrand ca. 1 cm tief links und rechts einschneiden, das Gelenk zwischen Schulterblatt und Oberarmknochen durchtrennen und den Schulterblattknochen herausziehen. Danach kann der Oberarmknochen herausgelöst werden. Die ausgelöste Schulter wird zugeputzt und gleichgeschnitten. (Abb. 9)

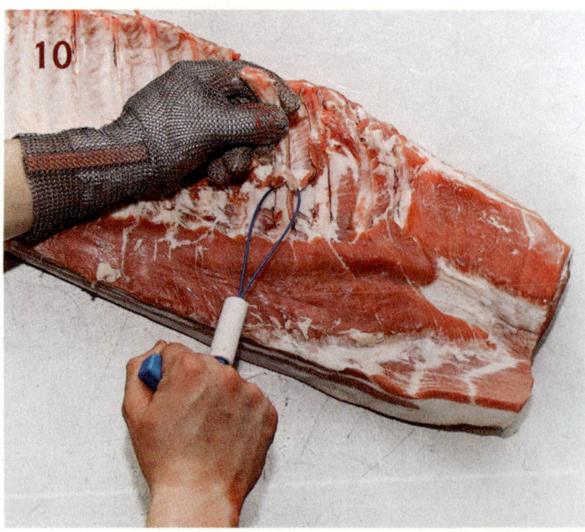

Bauch

Beim Auslösen des Bauches kann man entweder alle Rippen gemeinsam auslösen oder links und rechts von jeder Rippe einritzen und sie mit der Kunststoffschlinge oder dem Spagat herausziehen. Der Bauch wird zugeputzt und gleichgeschnitten. (Abb. 10)

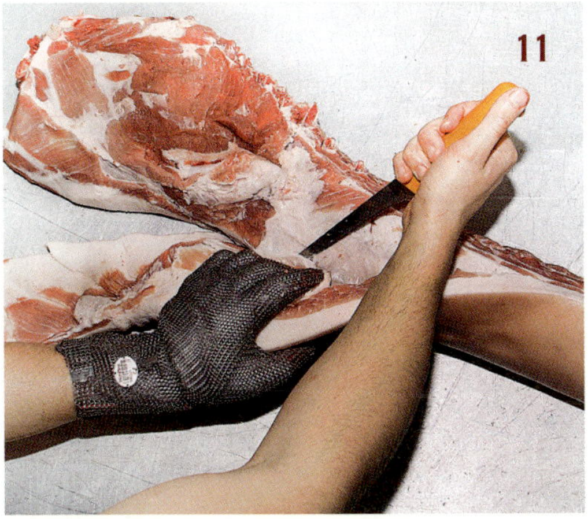

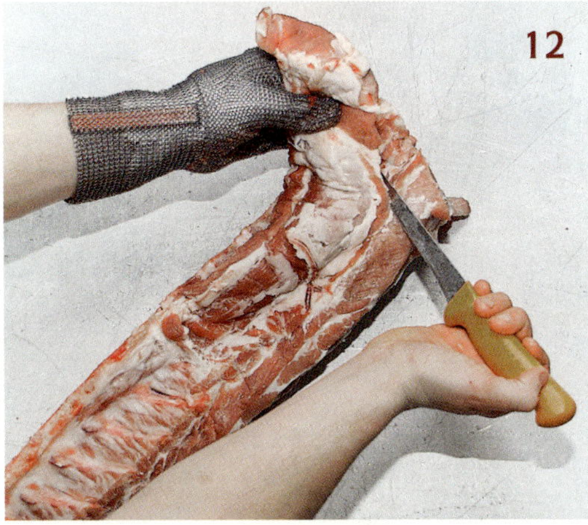

Karree

Den Speck von Karree und Schopf herunterlösen (Abb. 11).

Fischerl (Filet) von der Karreeinnenseite herauslösen (Abb. 12).

Den Schopf vom Karree hinter dem Schulterblattknorpel absetzen und gegebenenfalls Schopf und Karree auslösen. (Abb. 13).

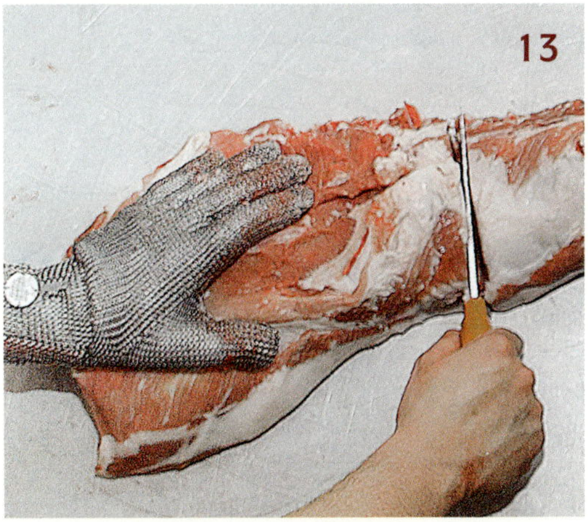

Schinken

Hinter dem Sprunggelenk in Richtung Haxl einschneiden und über dem Gelenk durchtrennen (Abb. 14).

Beim Kniegelenk einschneiden, Gelenk durchtrennen und die Stelze herunterschneiden (Abb. 15).

Zwischen Beckenknochen und Kreuzbein bei der Bandscheibe einschneiden und Kreuzbein (= Knochenfortsatz, an dem der Schwanz angewachsen ist) herunterlösen (Abb.16). Fledermaus aus dem Hüftknochen herauslösen (Abb. 17).

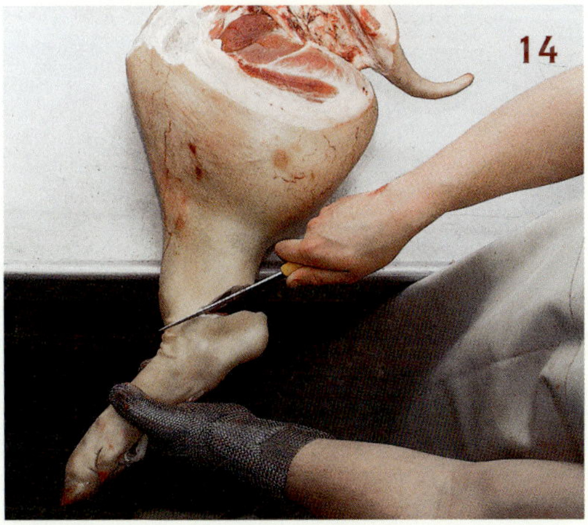

15

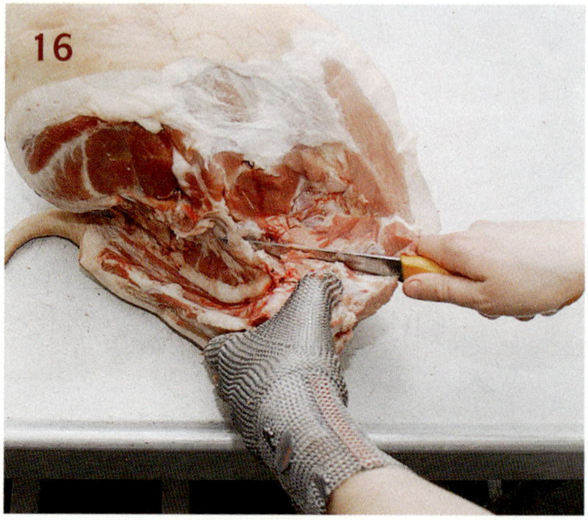
16

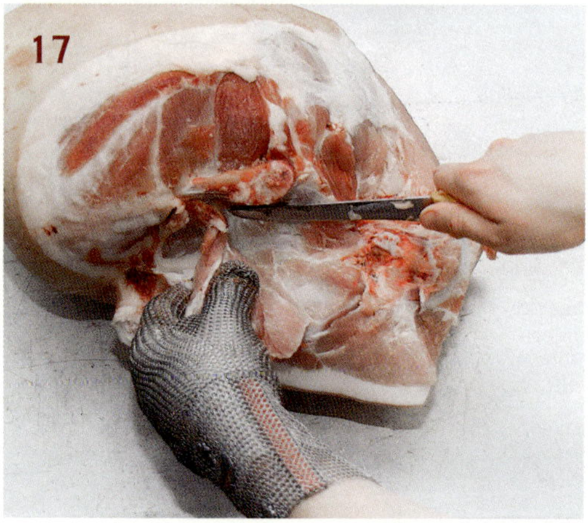
17

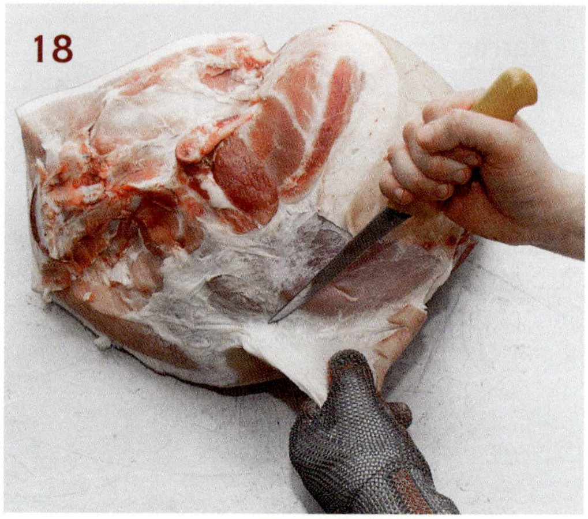
18

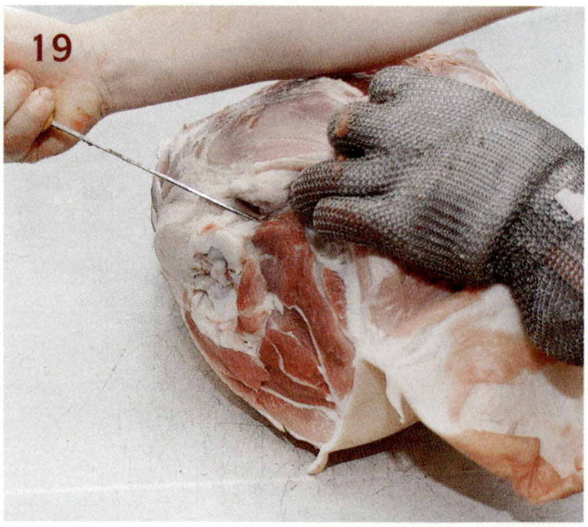
19

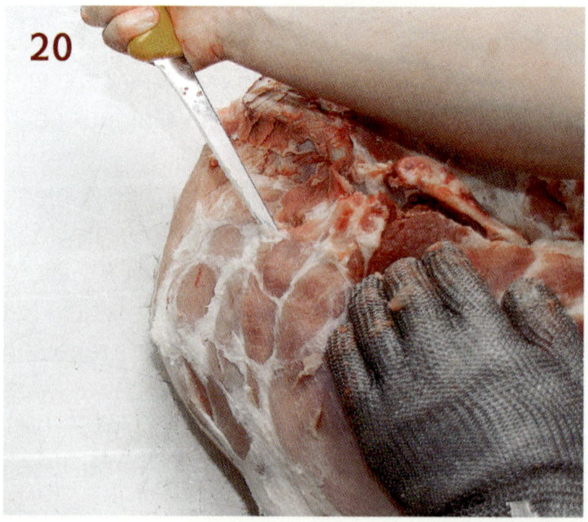
20

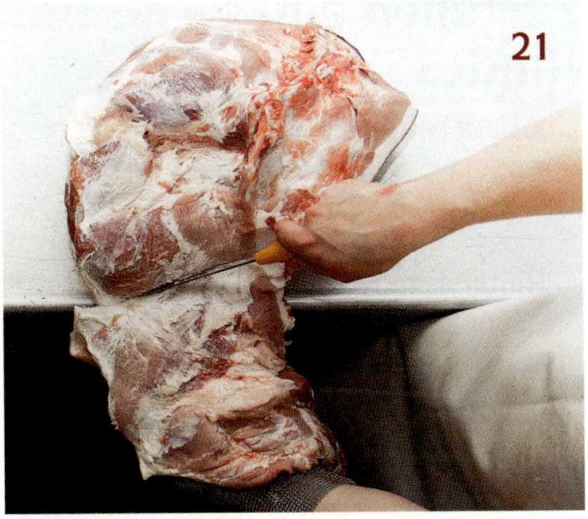

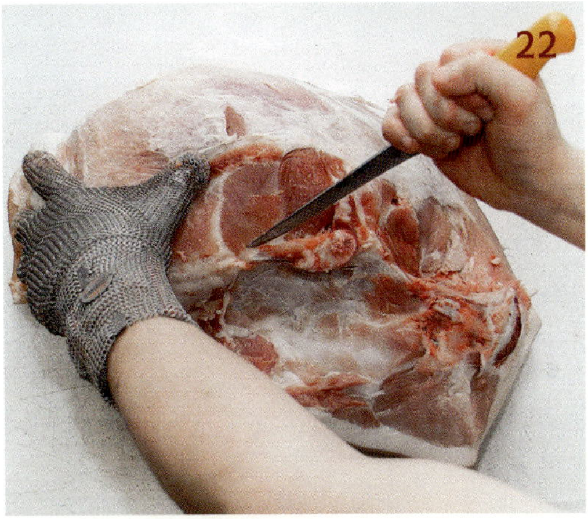

Die Schwarte von der Innenseite des Schlögels links und rechts ablösen (Abb. 18).

Am Kniegelenk beginnend (dort, wo die Stelze abgesetzt ist) bei der zweiten weißen Bindegewebslinie entlangschneiden und das Kaiserteil (Schale) herauslösen (Abb. 19–21).

Zwischen Schale und Beckenknochen einschneiden, das Hüftgelenk vom Oberschenkelgelenk abtrennen und dann den Beckenknochen herausschneiden (Abb. 22 und 23). Wenn der Schinken zum Räuchern/Selchen verwendet werden soll, kann die Schwarte am Fleisch bleiben, für Frischfleisch wird sie abgelöst.

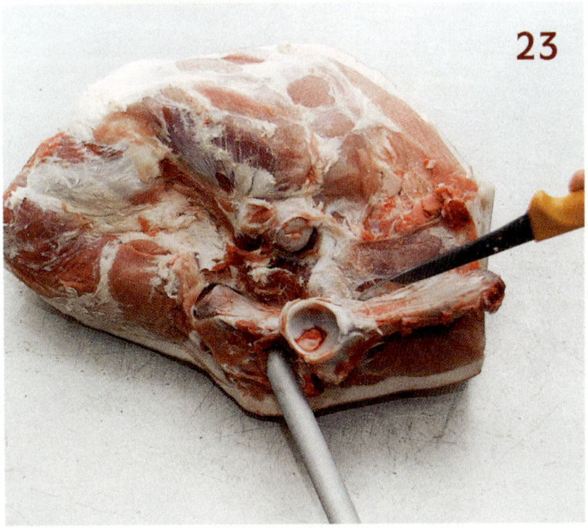

Zerteilen eines Rindes

Grobzerteilung Rind

Abvierteln des Rindes zwischen sechster und siebter Rippe (Abb. 1).

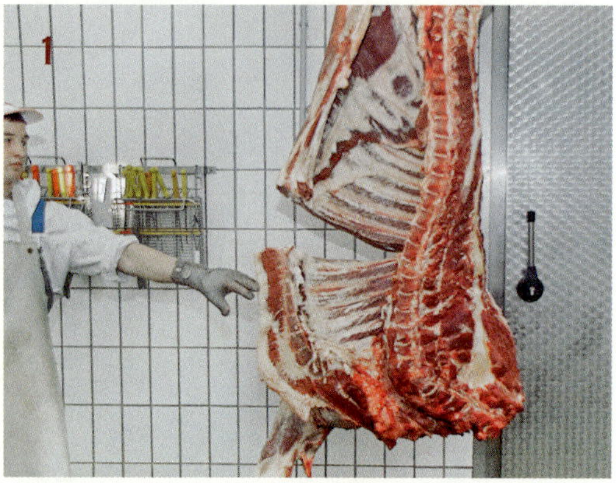

Hinterviertel

Am Knöpfel (Schlögel, Hinterschinken) beginnend, zwischen Englischem und Platte das Fleisch durchtrennen und die Knochen mit der Säge durchschneiden (Abb. 2 und 3).

Den Lungenbraten vom Beckenknochen bis zur Krümmung der Wirbelsäule herauslösen und den Englischen (= Lungenbraten, Beiried, Rostbraten) vom Knöpfel absetzen (Abb. 4).

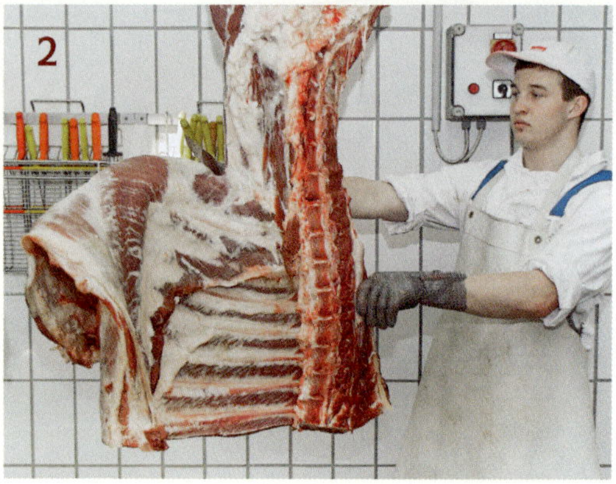

Vorderviertel

Auf der Vorderseite der Schulter einschneiden und den Hals nach dem sechsten Halswirbel abtrennen. An der Oberseite der Schulter einschneiden und Gab abtrennen (Abb. 5).

Feinzerteilung Rind

Hinterviertel

Platte

Die Platte zuputzen und dann in Streifen schneiden (Beinfleisch) (Abb. 6).

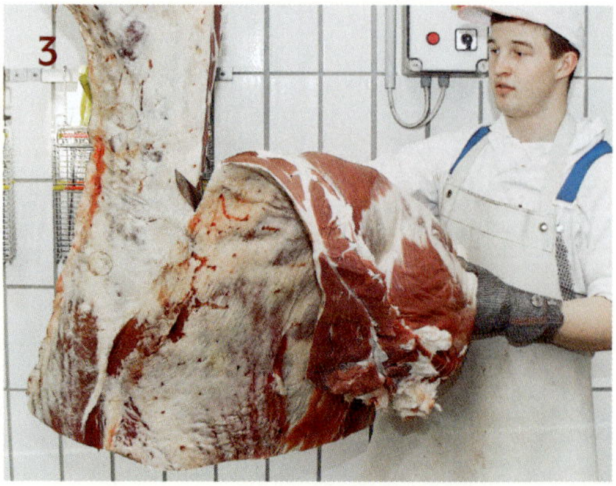

Englischer

Beim Englischen den Lungenbraten herauslösen, Beiried und Rostbraten von den Knochen trennen und zwischen Rippen- und Lendenwirbelknochen das Beiried vom Rostbraten abtrennen (Abb. 7).

Knöpfel

An der Wade beginnend, die Schale inklusive dem Beckenknochen herauslösen. (Abb. 8 und 9).

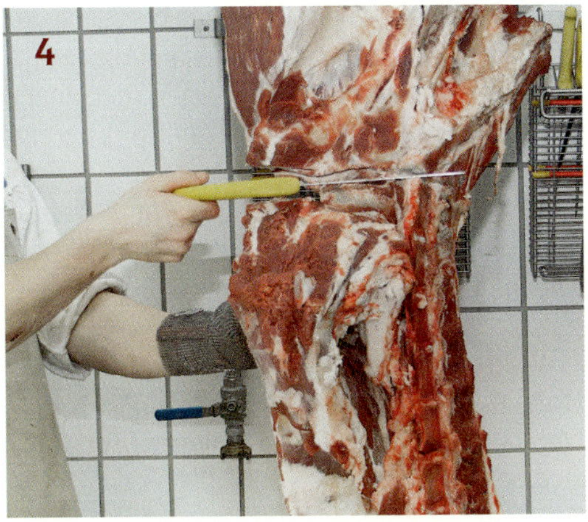
4

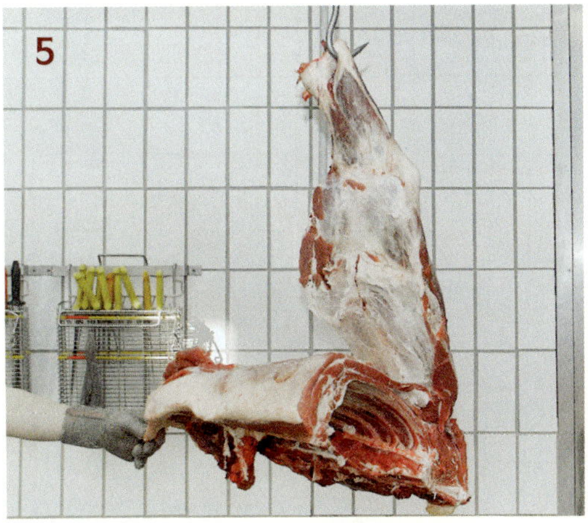
5

6

7

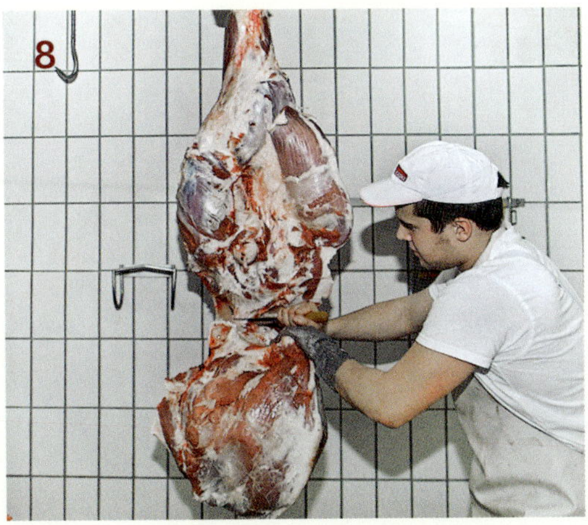
8

9

10

11
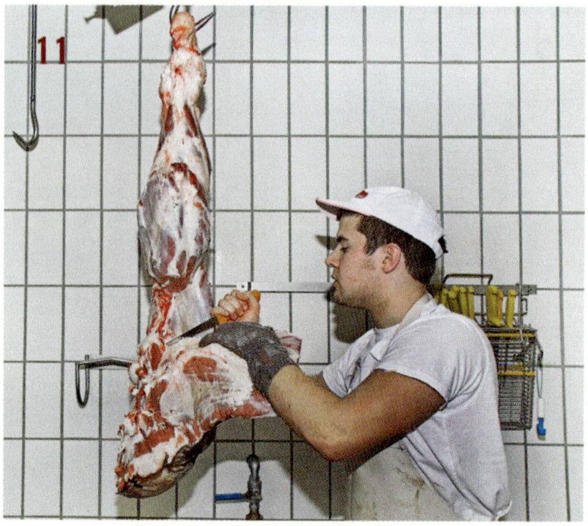

Schwanzseitig bei der Schale das Weißscherzel, beginnend bei der Wade, auslösen (Abb. 10).

Auf der Hinterseite des Knöpfels (beginnend bei der Wade) Tafelstück und Tafelspitz herauslösen (Abb. 11).

Vom Kniegelenk aus die Nuss vom Knochen abtrennen und danach den Wadschinken vom Knochen lösen (Abb. 12).

Vorderviertel

Hals

Die Halswirbelknochen herauslösen (Abb. 13).

Schulter

Den Kavalierspitz (das Fleisch über dem Schulterblatt) vom Schulterblatt herunterlösen (Abb. 14 und 15).

Links und rechts beim Schulterblatt einschneiden, zwischen Oberarmknochen und Schulterblattgelenk auseinanderlösen und das Schulterblatt mit dem Streicher herausdrücken (Abb. 16).

Danach den Vorderfußknochen und den Oberarmknochen auslösen (Abb. 17).

12
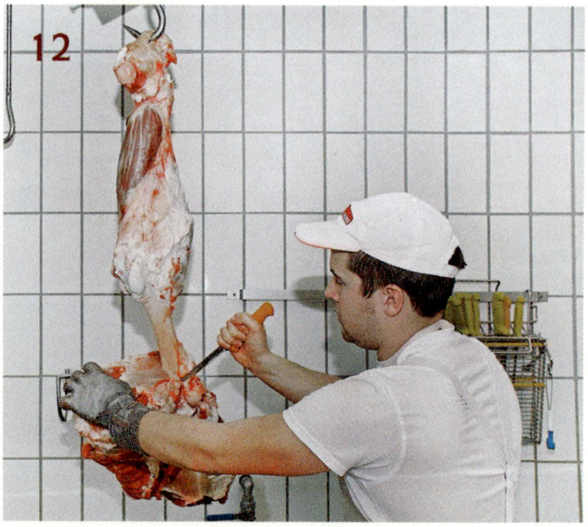

13

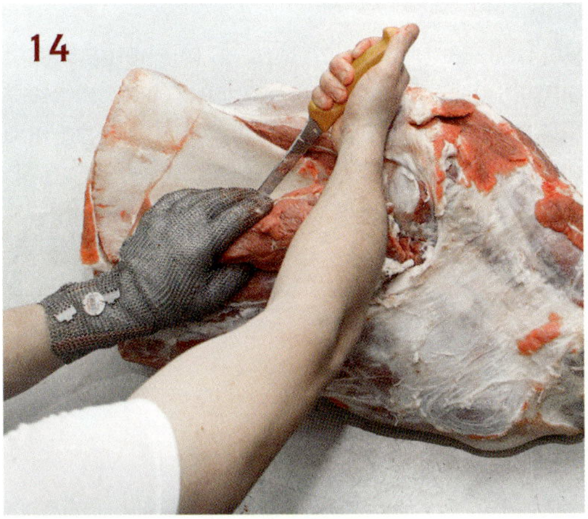
14

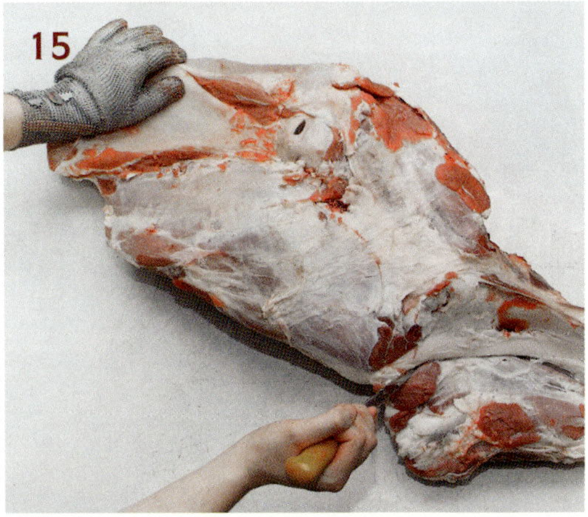
15

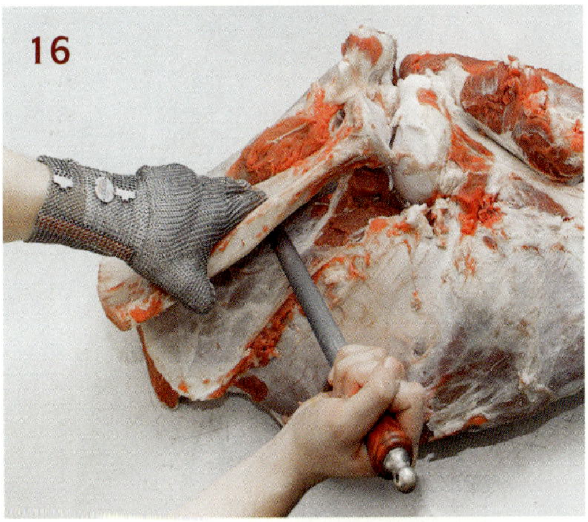
16

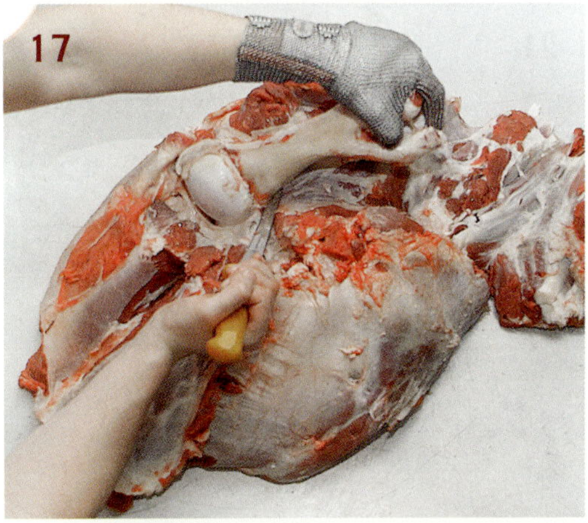
17

18

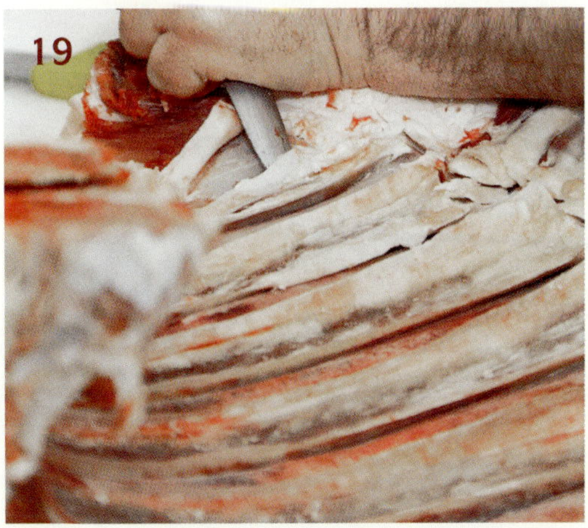
19

20

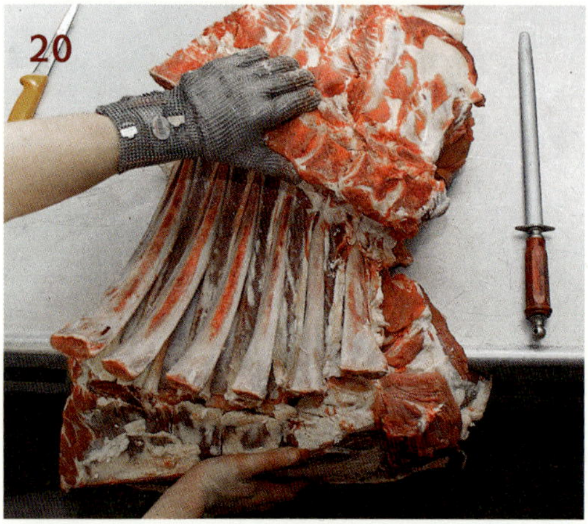

21

Gab

Die Beinhaut über den Rippen mit dem Messer einschneiden, mit dem Streicher die Beinhaut herunterlösen, die Rippen herausdrücken und dann einzeln auslösen und danach das Brustbein herauslösen (Abb. 18 bis 21).

Zerteilen von Schaf und Wild

Schafe und Schalenwild können auf gleiche Weise geteilt werden.

Die Tiere betäuben, töten, ausweiden, Kopf und Füße abtrennen, Fell abziehen und kühlen.

Zerfällen

Je nach Verwendung wird der Rücken nicht oder entlang der Wirbelsäule gespalten. Die Schulter wird herausgeschnitten, der Bauch vom Rücken und Schlögel getrennt.

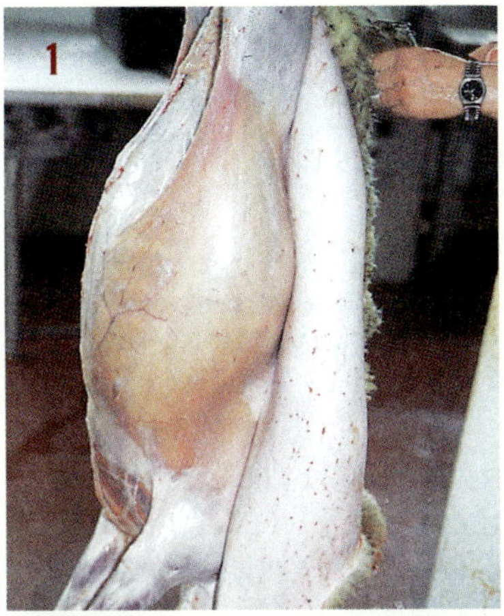

Abb. 1:
Abziehen des Fells

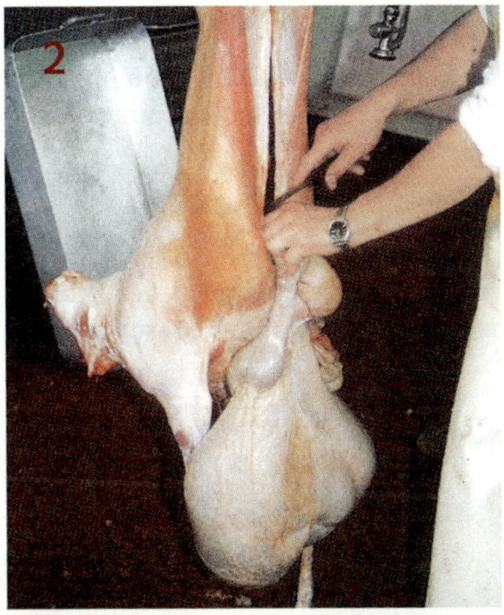

Abb. 2:
Ausweiden des Schlachtkörpers

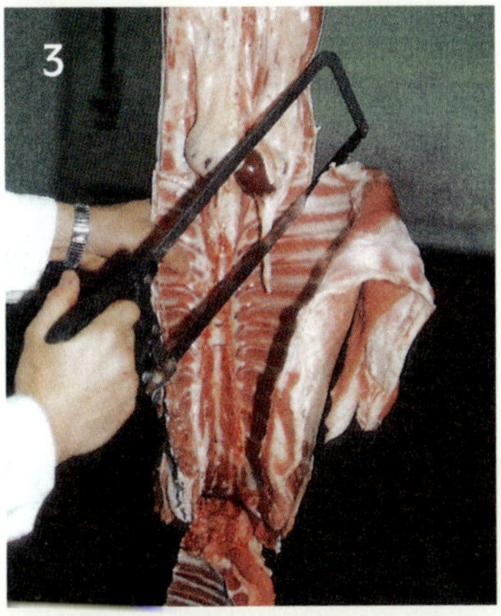

Abb. 3:
Den Bauch vom Rücken trennen

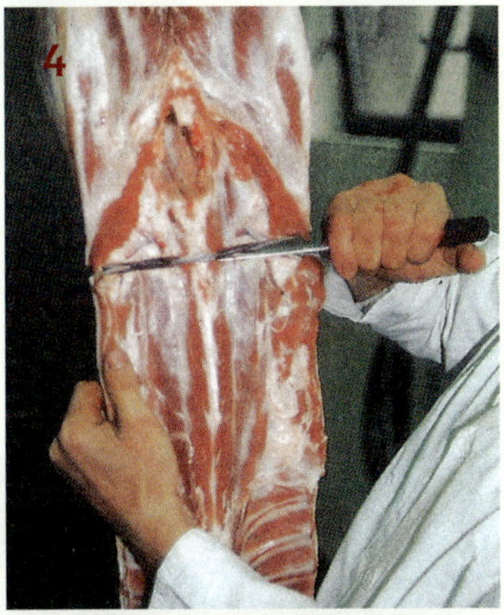

Abb. 4:
Das Karree vom Körper trennen

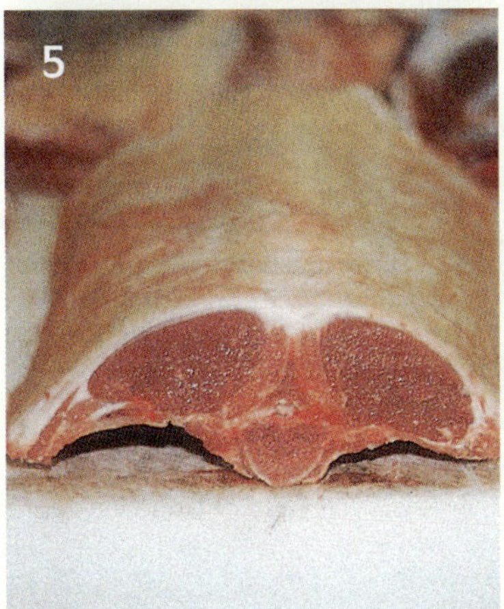

Abb. 5:
Karree

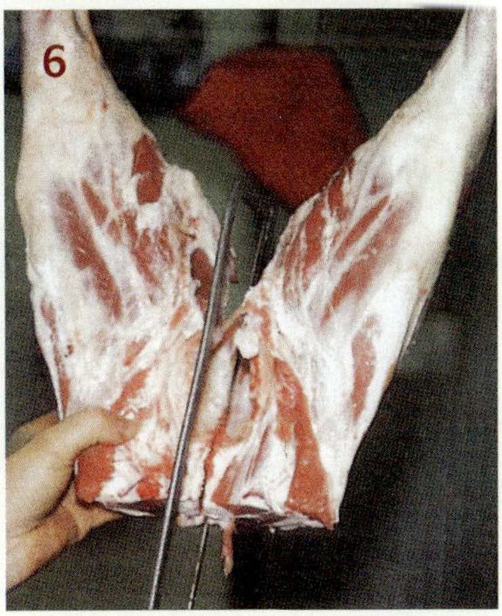

Abb. 6:
Die beiden Schlegel spalten

Schlachttrichter für Geflügel

Schlachten von Geflügel

Töten

Tiere betäuben, in den Schlachttrichter geben und die Halsschlagader durchtrennen, ausbluten lassen.

Rupfen

Das Rupfen erfolgt händisch oder mit einem Brühgerät.

Händisch Rupfen

Das Geflügel kurz in 65 °C heißes Wasser tauchen, Federn ausreißen. Stifte mit einem kleinen Messer entfernen. Zum Schluss den Tierkörper über einer kleinen Flamme drehen, damit der Rest der Haare abgesengt und die Oberfläche der Haut desinfiziert wird.

Ausnehmen – Füße abtrennen

Den Bauch vom After zum Brustbein öffnen, Gedärme und Innereien herausnehmen. Magen aufschneiden und putzen. Von der Leber die Galle entfernen. Die Halshaut aufschneiden, Kropf und Vormagen herausziehen. In fließendem Wasser ausreichend waschen.

Kühlen

bei 0–2 °C.

Rupfmaschine

Fehler beim Schlachten, Ausweiden und Kühlen

Fehler	Folgen
Tiere kommen ausgehungert zur Schlachtung	Geringe Milchsäurebildung; das Fleisch bleibt beim Garen hart, geschmacklos und ist für die Erzeugung von Dauerwaren nicht geeignet.
Tiere werden vor der Schlachtung gehetzt	Die Tiere bluten unvollständig aus; die daraus erzeugten Dauerwaren sind nur beschränkt haltbar. Beim Hetzen wird der vorhandene Muskelzucker verbraucht. Es kann sich nur wenig oder keine Milchsäure bilden. Die Totenstarre tritt nicht ein. Das Fleisch bleibt hart, geschmacklos und ist für die Erzeugung von Dauerwaren nicht geeignet. Schon während das Fleisch reift, können sich Fäulnisbakterien vermehren; das Fleisch färbt sich bei der Reifung bräunlich, hat eine kurze Haltbarkeit und eignet sich nicht für die Dauerwarenerzeugung.
Stress vor der Schlachtung	Der pH-Wert wird überstürzt gesenkt. Durch die geschädigten Zellwände tritt Saft aus.
Fehlerhafte Betäubung durch falsche Handhabung der Betäubungsgeräte	Kleine Blutpunkte im Fleisch
Tiere werden beim Ausbluten getreten. Tiere werden nicht sofort ausgeweidet.	Darmbakterien können in die Blutbahnen gelangen.
Beim Schwein werden Schlund-, Afteröffnung und Stichwunde vor dem Brühen nicht verschlossen.	Keime aus dem Brühwasser gelangen in die Fleischzellen, denn die Muskelzellen werden nach dem Tod durchlässiger.
Darmverletzungen beim Ausweiden	Fleisch wird verschmutzt. Alle verschmutzten Teile müssen großflächig weggeschnitten werden – es genügt nicht, den Schmutz wegzuwischen.
Schweinehälften im Liegen auskühlen lassen	Bei der weiteren Zerfällung ist die Schnittführung erschwert und die Schnittflächen sind nicht glatt.
Zu rasches Abkühlen bei zu tiefen Temperaturen (besonders beim Rind)	Es tritt eine Muskelverkürzung ein. Das Fleisch wird zäh.
Mangelhafte Hygiene	Die Produkte werden mit Schadkeimen infiziert, die zu fehlerhaften Produkten mit kurzer Haltbarkeit führen.

Was versteht man unter Fleischqualität?

Vorrichten von Fleisch

Fleisch und dessen Verwendung in der Küche

Was versteht man unter Fleischqualität?

Konsument/Koch	Fleischer	Ernährungswissensch.
Gut aussehende, schön gefärbte, magere bis marmorierte Stücke	Der pH-Wert des Fleisches muss stimmen.	Die optimale Zusammensetzung der Nährstoffe muss erfüllt sein.
Koch- oder bratfertig zugerichtete Teile	Bei der Verarbeitung sollen wenig Abfälle anfallen.	Die Ware muss den Gesetzen entsprechen. Sie muss hygienisch, keimarm und frei von Schadstoffen sein.
Gesunde, preiswerte Ware, die frei von Schad- und Zusatzstoffen ist	Das Fleisch soll gut Wasser binden und eine gute Pökeleigenschaft aufweisen.	
	Das Fett-Eiweiß-Verhältnis soll gut verkaufbar sein.	
	Vielseitige Produkte sollten sich herstellen lassen.	

Vorrichten von Fleisch

Unter Vorrichten wird das Fertigmachen der Fleischstücke für die Küche verstanden. Dazu zählen: Zerkleinern, Spicken und Rollen.

Beim Zerkleinern wird das Fleisch faschiert, würfelig geschnitten, portioniert (z. B. Schnitzel) und filetiert (bei Fischen).

Durch das Spicken von magerem Fleisch (Wild, Rind) erhält das Fleisch zusätzliche Geschmacksstoffe und einen appetitlicheren Anschnitt. Es gibt zwei Methoden des Spickens:

Gespickt wird mit Speck!

a) Dünne Speckstreifen werden mit der Spicknadel längs der Fleischfaser eingezogen.
b) Den Speck in dünne, kleine Dreiecke schneiden. Mit der Messerspitze kleine Löcher ins Fleisch stechen und den Speck hinter der Messerklinge eindrücken.

Gerollt werden alle flachen, dünnen und lose zusammenhängenden Fleischteile wie Bauch, Schulter vom Kalb, Schwein und Schaf. Das Fleisch wird nach dem Rollen mit einer Schnur oder einem Netz zusammengehalten. Durch das Rollen entstehen hochwertige, leicht portionierbare Braten.

Vorteile des Vorrichtens

- Durch das Vorrichten verkürzt sich die eigentliche Kocharbeit.
- Portioniertes Fleisch ist aus der Gefriertruhe rasch verwendbar.
- Arbeitsgeräte (z. B. Faschiergeräte) müssen nicht mehr zusammengestellt und gereinigt werden.
- Großgeräte lassen sich durch die Zusammenlegung der Arbeit nach dem Schlachten besser ausnützen.
- Durch das vorzeitige Rollen und Spicken von Fleischstücken werden Stresssituationen vermieden.

Kotelette vorgerichtet ...

... und Rollbraten

Fleischteile einzelner Tierarten

Die auf den Bildseiten in Klammer gesetzten Bezeichnungen von Fleischteilen sind die in Deutschland am häufigsten verwendeten.

Fleischteile des Schweins

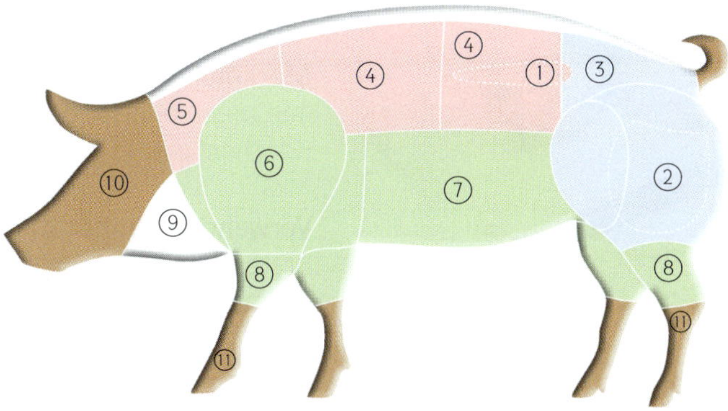

Abbildung: AMA

1. Qualität	2. Qualität	3. Qualität
1 – Fischerl (Filet) 2 – Schlegel (Nuss, Kaiserteil, Frikandeau) 3 – Schlussbraten 4 – Karree 5 – Schopfbraten	6 – Schulter 7 – Bauchfleisch 8 – Stelzen	9 – Stichfleisch 10 – Kopf 11 – Haxl
Verwendung ■ Grillen ■ Schnitzel ■ Braten ■ Selchen	**Verwendung** ■ Braten ■ Dünsten ■ Selchen ■ Kochen	**Verwendung** ■ Kochen ■ Wursten

Fischerl

Filet

Merkmale

wertvollstes Fleisch vom Schwein – saftig

Verwendung in der Küche

Spezialität – Spieße, Fondue, Schnitzel, im Netz gebraten

Schlögel
Kaiserteil (Oberschale), Nuss (Kugel) und Frikandeau (Unterschale)

Merkmale
Im Ganzen ohne Knochen, im Ganzen mit Knochen, geteilt ohne Knochen

Verwendung in der Küche
Braten, gepökelter Beinschinken, Schnitzel gebraten, gebacken

Schlussbraten
Mürbes Stück oder Hüfte

Merkmale
mit Knochen oder ausgelöst
Frikandeau und Schlussbraten

Verwendung in der Küche
Braten, selchen

Karree
Kotelettstück

Merkmale
mit Knochen oder ausgelöst

Verwendung in der Küche
Braten, grillen, backen, räuchern, Kotelett, Schnitzel, Selchkarree

Schopfbraten
Hals oder Nacken

Merkmale
mit Fett durchwachsen
mit Knochen oder ausgelöst

Verwendung in der Küche
Braten, grillen, Schnitzel, räuchern, Osso Collo

Schulter
Bug oder Blatt

Merkmale
mit Knochen oder ausgelöst

Verwendung in der Küche
Braten, kochen, dünsten, gerollter Braten, Gulasch, Ragout, räuchern, Rollschulter

Bauchfleisch

Merkmale
mit Rippen, fettdurchzogenes Fleisch

Verwendung in der Küche
Braten, pökeln, kochen, gefüllter Bauch, geräucherter Bauch, Wurzelfleisch

Stelzen
vordere und hintere (Eisbein)

Merkmale
mit Knochen

Verwendung in der Küche
Braten, dünsten, pökeln, kochen, Eisbein, Gulasch, Sulz, Klachlsuppe

Stichfleisch

Merkmale
mit Fett durchwachsen

Verwendung in der Küche
Kochen, Krenfleisch, Leberwurst, Blutwurst, Maischel

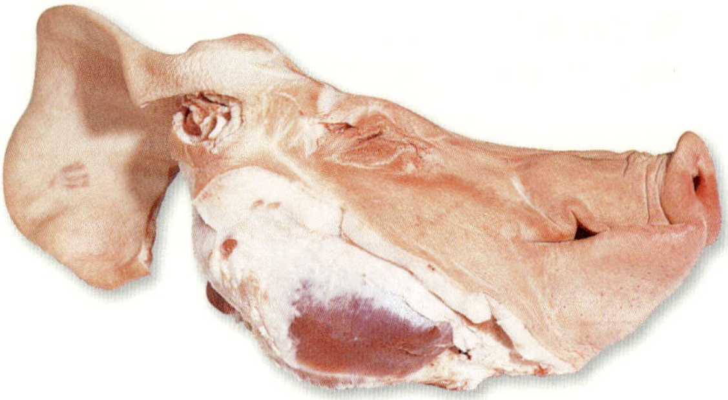

Kopf

Merkmale
mager bis fett, durchwachsen, sehr sehnig

Verwendung in der Küche
Kochen, gekochter Sauschädel, Leber- und Blutwurst, Maischel

Haxl

Verwendung in der Küche
Kochen, Sulz, Klachlsuppe

Innereien von Schwein und Rind

Schwein

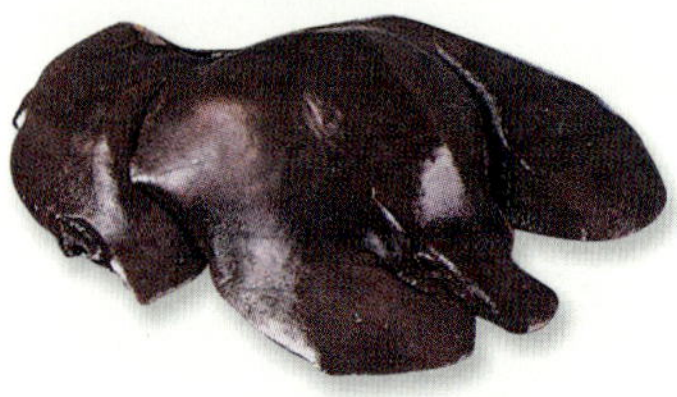

Leber

Verwendung in der Küche
Spezialgerichte, Suppeneinlagen, Leberpastete, Leberstreichwurst

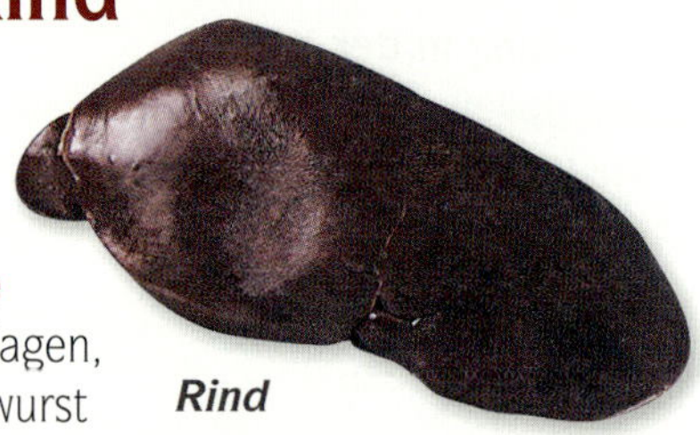

Rind

Schwein

Herz

Verwendung in der Küche
Spezialgerichte, Kochwürste

Rind

Schwein

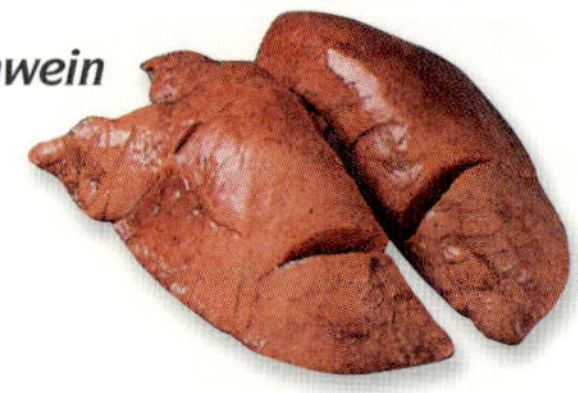

Lunge

Verwendung in der Küche
Spezialgerichte, Suppeneinlagen

Rind

Schwein

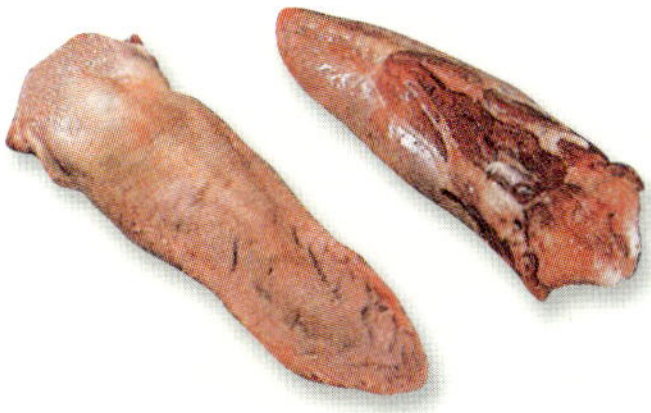

Rind

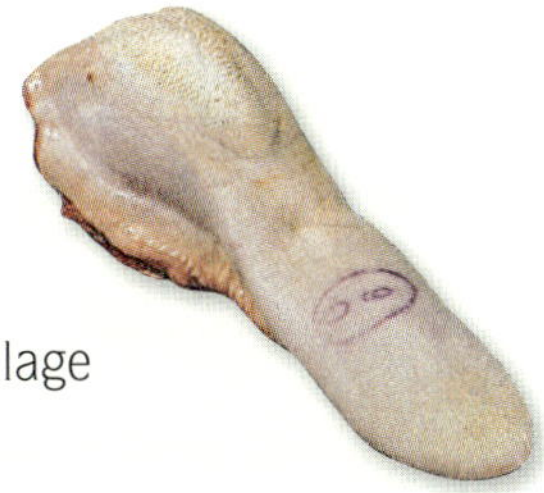

Zunge

Verwendung in der Küche
Spezialgerichte, pökeln, Blutwursteinlage

Schwein

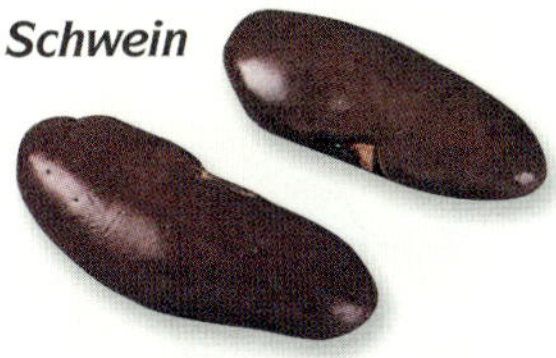

Niere

Verwendung in der Küche
Spezialgerichte

Rind

Schwein

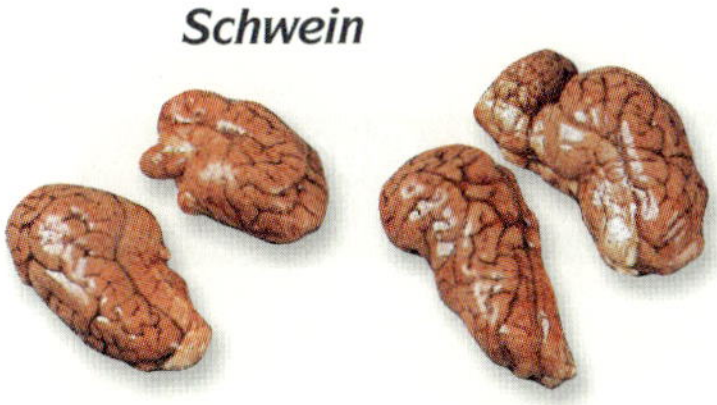

Hirn

Verwendung in der Küche
Spezialgerichte

Sonstiges: Filz, Netz

Verwendung in der Küche
Fettherstellung, Schmerbutterteig

Fleischteile des Rindes

Abbildung: AMA

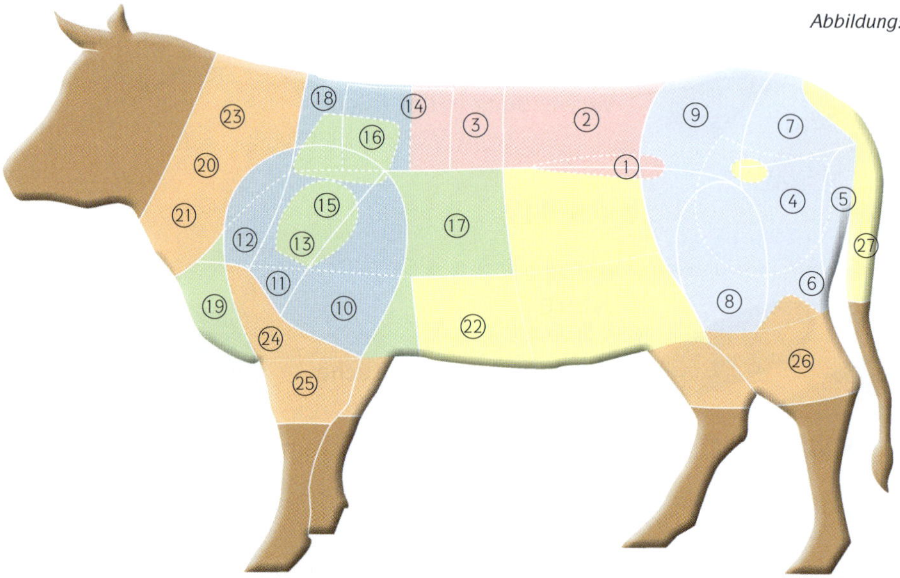

Spitzenqualität *Englischer*	1. Qualität *Gustostücke*	2. Qualität	3. Qualität
1 – Lungenbraten (Filet) 2 – Beiried (Rumpsteak, Roastbeef) 3 – Rostbraten (hohe Beiried, Hochrippe)	4 – Schale – wird in Beinscherzel und Schwarzes Scherzel geteilt 5 – Weißes Scherzel 6 – Tafelstück 7 – Tafelspitz 8 – Zapfen (Nuss, Kugel) 9 – Hüferl (Hüferscherzel, Hüferschwanzel 10 – Dicke Schulter	11 – Schulterscherzel (Schulterdeckel) 12 – Mageres Meisel 13 – Kavalierspitz 14 – Rieddeckel 15 – Dicker Spitz 16 – Kruspelspitz 17 – Zwergspitz/Beinfleisch 18 – Hinteres Ausgelöstes 19 – Dickes Kügerl (Brustkern)	20 – Fettes Meisel 21 – Brustkern (-spitz) 22 – Mittleres und dünnes Kügerl 23 – Hals 24 – Bugscherzl 25 & 26 – Wadschinken 27 – Ochsenschlepp
Die qualitativ hochwertigsten, aber auch teuersten Stücke vom Rind **Verwendung** ■ Braten ■ Grillen ■ Spezialitäten	Mit Ausnahme der dicken Schulter stammen alle Teile vom hinteren Oberschenkel **Verwendung** ■ Schnitzel ■ Kochen ■ Roulade ■ (Kurz-)Braten	Diese Stücke liegen nicht im hinteren Teil des Rindes; sie stammen ausnahmslos von der Schulter und vom Spitz des Rindes **Verwendung** ■ Dünsten ■ Kochen	Umfasst Teile des Vorder- und Hinterviertels **Verwendung** ■ Kochen ■ Gulasch ■ Faschiertes

Beiried
Roastbeef

Merkmale
Saftig, marmoriert, leicht mit Fett abgedeckt

Verwendung in der Küche
Braten, grillen, Entrecôte, Rumpsteak, Roastbeef

Rostbraten
Hochrippe oder Hohrücken

Merkmale
Kräftig, etwas fasrig, teilweise mit Fett durchzogen

Verwendung in der Küche
Braten, grillen, dünsten, Rindskotelett, Rostbraten

Lungenbraten
Filet

Merkmale
kurzfasrig, zart, mager, saftig

Verwendung in der Küche
Braten, grillen, Beefsteak, Tournedos, Fondue, Carpaccio, Tatar

Schale
Oberschale – wird es in der Mitte geteilt, entsteht das Beinscherzel (Eckstück) und Schwarzes Scherzel (Rundes Stück)

Merkmale
Oberfläche hat eine Fettschicht, die leicht abziehbar ist dunkel, mager

Verwendung in der Küche
Dünsten, Rindsbraten, Rindsschnitzel, Rindsroulade

Weißes Scherzel

Schwanzrolle

Merkmale

fast eine quadratische Schnittfläche, etwas grobfasriger, trocken, bröselig, gut zu portionieren

Verwendung in der Küche

Dünsten, sieden, Rindsbraten, Rindsschnitzel, auch zum Räuchern geeignet

Tafelstück

Unterschale – zur Seite des Ochsenschlepps

Merkmale

grobfasrig

Verwendung in der Küche

Dünsten, Rindsschnitzel, Rindsbraten, Rouladen

Tafelspitz

Merkmale

feinfasrig, mit Fettrand

Verwendung in der Küche

Sieden, Wiener Spezialität

Hüferl

Hüftstück oder Mürbe Schoß – zur Seite des Beirieds

Merkmale

saftig, mit feinen Fettadern durchzogen, gut zu portionieren

Verwendung in der Küche

Sieden, dünsten, grillen, Roastbeef, Rumpsteak, Rindsbraten

Zapfen
Kugelstück – in der Mitte des Schlögels

Merkmale
fast fettfrei, gut zu portionieren

Verwendung in der Küche
Dünsten, Rindsbraten, Rindsschnitzel, Saftfleisch

Schulter
Dicke Schulter; ist der Hauptteil der Schulter (Dickes Bugstück oder Dickes Blatt)

Merkmale
saftig, fest, mit einer starken Sehne, mehreren feinen Sehnen

Verwendung in der Küche
Sieden, dünsten, gekochtes Rindfleisch, Gulasch, Reisfleisch

Schulterscherzel
oder Schulterdeckel (Bugblatt oder Schaufelstück)

Merkmale
teilweise mit Sehnen durchzogen

Verwendung in der Küche
Sieden, dünsten, gekochtes Rindfleisch, Gulasch

Mageres Meisel
Falsches Filet – unter Schulter und Fettem Meisel

Merkmale
gut zu portionieren

Verwendung in der Küche
Sieden, dünsten, Gulasch (sehr gut)

Kavalierspitz
Blattdeckel – liegt am Schulterblatt

Merkmale
besonders saftig

Verwendung in der Küche
Sieden, österr. Spezialität

Rieddeckel
liegt über Rostbraten und Schulter

Merkmale
sehr saftig

Verwendung in der Küche
Sieden, dünsten, ist ein beliebtes Suppenfleisch, Ragouts

Dicker Spitz
Kruspelspitz liegt unter Rieddeckel und Schulter

Merkmale
sehr saftig, grobfasrig, vorzüglicher Geschmack, Kruspel durchzogen

Verwendung in der Küche
Sieden, gekochtes Rindfleisch

Zwerchspitz
Überzwerch oder Leiterstück, Bauchfleisch – zum Teil unter der Schulter

Merkmale
mit Fett durchzogen

Verwendung in der Küche
Sieden, gekochtes Rindfleisch

Hinteres Ausgelöstes
Fehlrippe – anschließend vom Rieddeckel bis zum Fetten Meisel

Merkmale
ist mit Fett reich durchzogen

Verwendung in der Küche
Sieden, dünsten, gekochtes Rindfleisch, Gulasch

Dickes Kügerl
anschließend an Rindsbrust

Merkmale
grobfasrig, mit Fettrand umgeben, längere Kochdauer notwendig

Verwendung in der Küche
Sieden, dünsten, sehr gutes Kochfleisch, Saftfleisch

Bugscherzl
bildet den unteren Teil der Schulter

Merkmale
feinfasrig, sehr saftiges und festes Fleisch

Verwendung in der Küche
Braten, dünsten, sieden ...

Brustkern
Brust

Merkmale
mit Fett durchzogen, etwas grobfasrig

Verwendung in der Küche
Sieden

Mittleres und Dünnes Kügerl

Mittelbrust und Nachbrust

Merkmale

mit Fett durchzogen, dünne Fleischplatte

Verwendung in der Küche

Sieden

Hals

Merkmale

grobfasrig mit Knochen, durchwachsenes Fleisch, ausgelöst wird es „Vorderes Ausgelöstes“ genannt

Verwendung in der Küche

Dünsten, Gulasch, Faschiertes

Riedkamm

liegt am Nacken

Merkmale

fettdurchzogen, walzenförmiges Halsstück

Verwendung in der Küche

Pökeln, räuchern

Beinfleisch

Rippenfleisch, Lappen

Merkmale

saftig

Verwendung in der Küche

Sehr gutes Suppenfleisch, Faschiertes

Vorderer Wadschinken
Wade

Merkmale
mit Sehnen durchzogen, sehr gutes saftiges Fleisch

Verwendung in der Küche
Dünsten, Gulasch

Hinterer Wadschinken
Wade

Merkmale
kräftiges, flachsiges Fleisch, ideales Gulaschfleisch, die Farbe bleibt auch beim Aufwärmen erhalten

Verwendung in der Küche
Dünsten, Gulasch, Saftfleischgerichte

Ochsenschlepp

Merkmale
–

Verwendung in der Küche
Dünsten, sieden, Ochsenschwanzsuppe, Ragouts

Fleischteile des Kalbes

Abbildung: AMA

1. Qualität	2. Qualität	3. Qualität
1 – Schlögel: Schale (Kaiserteil, Nuss, Frikandeau, Schlussbraten) 2 – Nierenbraten 3 – Karree	4 – Hals 5 – Schulter 6 – Brust 7 – Wammerl 8 & 9 – Stelzen	10 – Kopf 11 – Füße
Verwendung ■ Braten ■ Schnitzel ■ Grillen ■ Dünsten	**Verwendung** ■ Braten ■ Dünsten	**Verwendung** ■ Kochen ■ Wursten

Schlögel

Kaiserteil (Oberschale)

Merkmale

–

Verwendung in der Küche

Braten, backen, Schnitzel, im Ganzen gebraten

Nuss
Nussstück

Merkmale
–

Verwendung in der Küche
Schnitzel, Steaks, Medaillons, Filets, Geschnetzeltes

Schlussbraten

Merkmale
ausgelöst saftig

Verwendung in der Küche
Braten, Schnitzel

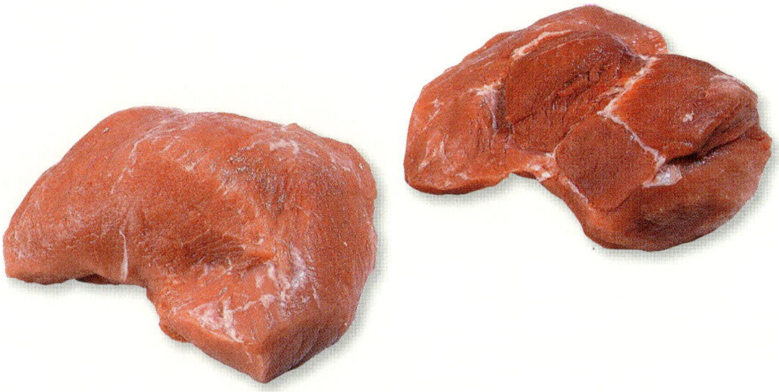

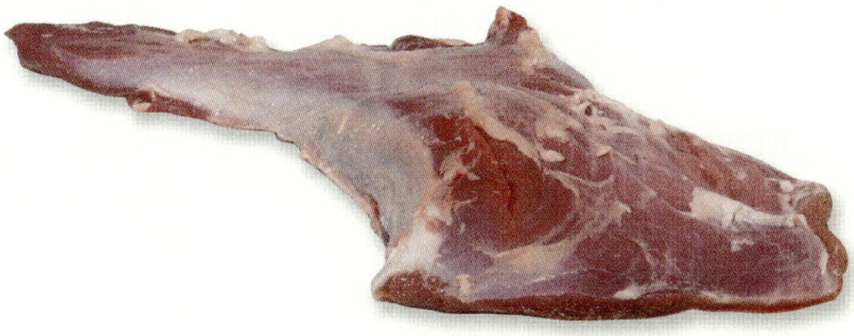

Frikandeau

Merkmale
–

Verwendung in der Küche
Kalbsbraten, Schnitzel, Cordon bleu

Nierenbraten
Lende

Merkmale
mit Knochen oder ausgelöst

Verwendung in der Küche
Braten, gerollter Nierenbraten, Koteletts

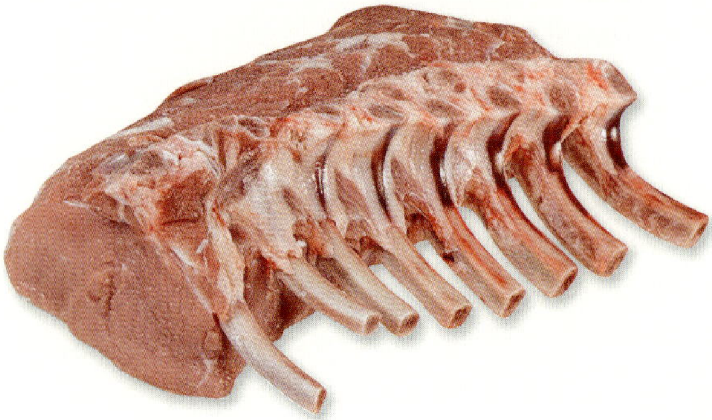

Karree
Kotelett

Merkmale
mit Knochen oder ausgelöst

Verwendung in der Küche
Braten, Koteletts

Hals

Merkmale
mit Knochen oder ausgelöst

Verwendung in der Küche
Ragout, Gulasch, Faschiertes

Schulter
Bug

Merkmale
mit Knochen oder ausgelöst

Verwendung in der Küche
Braten, dünsten, gerollter Braten, Gulasch, Ragouts

Brust & Wammerl
Dünnung

Merkmale
mit Knochen oder ausgelöst

Verwendung in der Küche
Braten, dünsten, gefüllter Kalbsbraten, Eingemachtes, Faschiertes

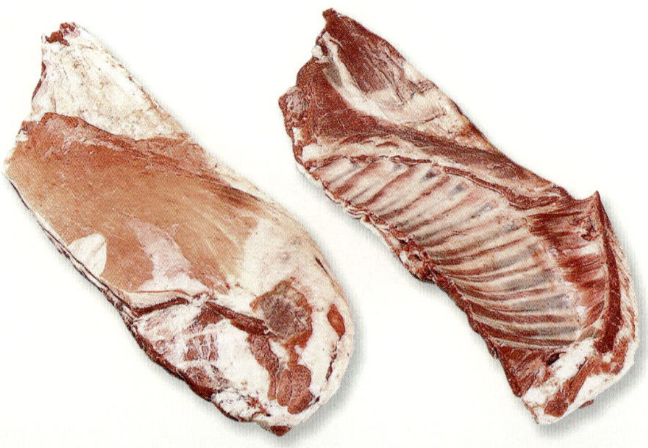

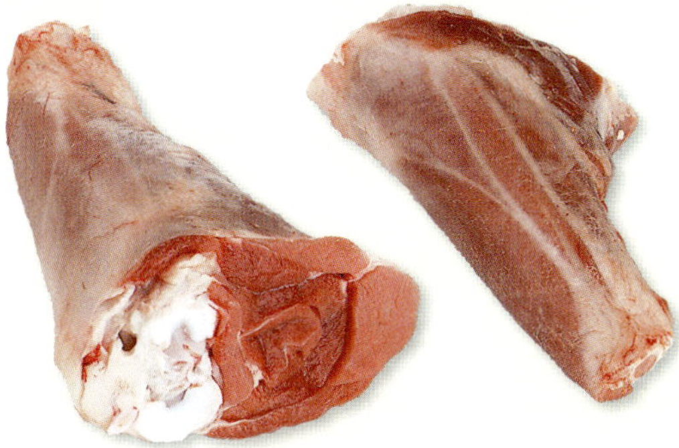

Stelzen

Haxe

Merkmale

im Ganzen oder ausgelöst

Verwendung in der Küche

Braten, dünsten, gebratene Kalbsstelze, Kalbsvögerl, Osso buco

Osso buco

Merkmale

in ca. 3 cm Scheiben geschnittene Stelze mit Knochen

Verwendung in der Küche

Dünsten

Fleischteile des Schafes

Abbildung: AMA

1. Qualität	2. Qualität
1 – Schlegel 2 – Rücken	3 – Schulter 4 – Brust/Bauch
Verwendung ■ Braten ■ Pökeln ■ Schnitzel ■ Grillen ■ Dünsten ■ Wursten	**Verwendung** ■ Braten ■ Dünsten

Schlögel mit Stelze

Keule mit Haxe

Merkmale

mit Knochen oder ausgelöst

Verwendung in der Küche

Braten, dünsten

Rücken

Merkmale
im Ganzen oder geteilt

Verwendung in der Küche
Braten, grillen, Koteletts, Lammrückenbraten

Schulter mit Stelze

Bug mit Haxe

Merkmale
ausgelöst, gerollt

Verwendung in der Küche
Braten, dünsten, Lammbraten, Koteletts, Ragout

Brust, Bauch

Merkmale
mit Fett durchzogen

Verwendung in der Küche
Ragout, Saftfleisch, Eintopfgerichte, Reisfleisch, Gulasch

Hals

Merkmale
ausgelöst

Verwendung in der Küche
Reisfleisch, Eintopfgerichte

Geflügel, Wild, Kaninchen – Verwendungszweck

Tiere	Verwendung
Geflügel	
ganz	mit und ohne Fülle braten
geteilt	grillen, braten, dünsten, kochen, in Fett backen
Wildgeflügel	braten
Wild (Rotwild, Reh – Teile wie beim Rind)	braten, dünsten, wursten
Kaninchen	braten, dünsten, in Fett backen

Gute Qualität kann durch falsche Verwendung und Weiterverarbeitung verlorengehen. Ein Produzent muss den Konsumenten (Kunden) beraten können, wozu die Fleischteile verwendet werden können, wie diese zuzubereiten sind, z. B. Rindsschnitzel nur kurz anbraten, damit sie nicht hart, trocken und geschmacklos werden, oder dass man aus einem Wadschinkenfleisch keine Suppe kochen sollte.

Haltbarmachen von Fleisch

Frischfleisch ist beschränkt haltbar. Je kleiner die Fleischstücke sind, um so kürzer ist ihre Haltbarkeit.

Die Reifezeit des Fleisches ist unterschiedlich lang!

Rind ....7–14 Tage
Wild ....7 Tage
Schwein....................1–3 Tage
Huhn ....Einige Stunden
Kaninchen, Schaf ....3–5 Tage
Kalb ....7 Tage

Maximale Lagerdauer von Fleisch in unverpacktem Zustand

Die folgenden Angaben hinsichtlich der Lagerdauer im Haushaltskühlschrank beziehen sich auf bereits gereiftes Fleisch (siehe nächste Seite).

Vakuumverpacktes Frischfleisch

	Lagerdauer bei 90% Luftfeuchtigkeit[1] Haushaltskühlschrank	Kühlraum
Temperatur	+2 °C bis +6 °C	0 °C bis 1 °C
Menge	0,5 kg bis 2 kg	große Stücke
Fleischart		
Rind	2 bis 5 Tage	14 Tage
Wild	2 Tage	14 Tage
Schwein	2 bis 3 Tage	5 bis 7 Tage
Faschiertes[2]	bis 6 Stunden	12 Stunden
Huhn	bis 2 Tage	5 Tage

[1] Wird die relative Luftfeuchtigkeit von 90 % überschritten, so können sich Bakterien rasch vermehren und das Fleisch verdirbt schneller.
[2] Faschiertes muss am Tag der Herstellung verarbeitet werden.

Einfluss des Garens auf die Fleischqualität

Konsumenten (Kunden) sollten die einzelnen Fleischteile kennen, um bei Bedarf das richtige Stück zu wählen. Dennoch kann das beste Fleisch durch falsche Zubereitung an Qualität verlieren.

Die Zartheit des Rindfleisches bei der Zubereitung hängt von der Temperatur ab.

Rindsschnitzel von jungen Tieren müssen kurz angebraten werden, dann bleibt der Kern zartrosa. Das Fleisch behält den Geschmack und lässt sich leicht kauen. Durchgebratene Rindsschnitzel werden trocken und hart. Ursache dafür kann auch unreifes Fleisch sein (zu kurze Fleischreife).

Bei Fleisch mit kurzer Garzeit (z. B. Rostbraten) muss die Zwiebel gesondert gegart werden, denn das Fleisch zerkocht sich sonst oder die Zwiebel bleibt roh. Fleisch älterer Tiere hat in den Muskelfasern mehr Bindegewebe, das erst durch längeres Dünsten und Kochen weich wird.

Gefrieren von Fleisch

Beim Einfrieren wird das Wasser in den Lebensmitteln in Eis überführt, dadurch wird das Wachstum der Schadkeime gehemmt. Der Abbau einzelner Nährstoffe, z. B. Fett, Vitamine, wird verlangsamt, aber nicht gestoppt.

Vorteile des Gefrierens

- Es ist jederzeit Frischfleisch vorhanden
- der Speisezettel kann abwechslungsreich gestaltet werden

- die Gefrierware ist rasch verfügbar
- Frischfleisch muss durch das Gefrieren nicht sofort weiterverarbeitet werden (z. B. zu Wurst)
- im Gefrierfleisch bleiben die Nährstoffe, Vitamine und Mineralstoffe länger erhalten

Die Qualität der Gefrierware hängt von folgenden Faktoren ab

- Ausgangsprodukt
- Dauer der Reifezeit des Fleisches
- Sachgemäßes Verpacken
- Lagertemperatur
- Auftauvorgang
- Fettgehalt
- Zerkleinerungszustand
- Verpackungsmaterial
- Gefriergeschwindigkeit
- Lagerdauer

Hinweis!

Aufgetautes Fleisch muss sofort verwendet und darf im rohen Zustand nicht nochmals eingefroren werden!

Gefriergeräte

Zum Einfrieren im Haushalt eignen sich sowohl Gefrierschränke als auch Gefriertruhen.

Gefrierfächer im Kühlschrank sind lediglich für eine kurzfristige Lagerung von Gefrierwaren bestimmt und nicht zum Einfrieren geeignet.

Gefrierschrank

Vorteile	Nachteile
Er benötigt nur eine kleine Stellfläche (dafür mehr Platz in der Höhe).	Bei gleicher Größe liegt der Anschaffungspreis eines Gefrierschrankes höher.
Die Übersicht über das Gefriergut ist größer, da sich die Ware in einschiebbaren Gitterkörben oder Laden befindet. Die Beschickung ist einfacher, da die Gitterkörbe und Laden herausziehbar sind.	Durch die Einteilung in Fächer oder Laden ist der Nutzinhalt geringer.
Zum Einfrieren eignen sich einige oder alle Fächer.	

Gefriertruhe

Vorteile	Nachteile
Bei gleichem Rauminhalt lässt sich mehr Gefriergut lagern.	Zum Vorgefrieren eignet sich nur das kleine Gefrierfach.
Die Truhe ist vom Anschaffungspreis her günstiger.	Aus dem Vorgefrierfach muss die gefrorene Ware umgelagert werden.
	Unübersichtlichkeit: Die Ordnung ist schwer aufrechtzuerhalten, da meist zu wenig Lagerkörbe als Ordnungseinrichtung vorhanden sind. Es kann zur Überlagerung einzelner Waren kommen.
	Das Einlagern und die Entnahme sind umständlich. Dabei muss die Gefrierware öfters umgeschichtet werden.

Beim Kauf von Gefriergeräten ist zu beachten

- Der Nutzinhalt ist auf den gewünschten Bedarf abzustimmen (Richtlinie: 50 bis 100 Liter je voll zu verpflegender Person).
- Die Geräteleistung ist zu überprüfen:
  - Wie groß ist die Gefrierleistung je Stunde?
  - Wie hoch ist der Stromverbrauch?
  - Wie viele Stunden darf das Gefriergerät bei Stromstörung außer Betrieb sein?
  - Wo befindet sich der nächste Kundendienst?

Verpackungsmaterial

Aus hygienischen Gründen nur einmal verwenden!

Polyäthylenfolien in Schlauch- oder Säckchenform sind für die Verpackung des Fleisches ideal und preiswert. Sie dürfen aus hygienischen Gründen stets nur einmal verwendet werden.

Alufolien und -formen eignen sich ebenfalls als Verpackung; sie sind aber in der Anschaffung teurer. Umweltbewusste Konsumenten lehnen sie wegen des hohen Verbrauches von Primärenergie bei ihrer Erzeugung ab. Alufolien reißen leicht, dadurch ist eine nachteilige Geschmacksübertragung auf das Gefriergut möglich.

Gefriergerechte Kunststoffdosen eignen sich hervorragend für das Einfrieren.

Verschlüsse

Gummiringe sind billig in der Anschaffung, einfach in der Handhabung und öfters verwendbar.

Metallstreifen sind ebenfalls bequem in der Handhabung. Die Verschlüsse sind jedoch nicht so haltbar.

Etiketten in verschiedenen Farben erleichtern das Auseinanderhalten der verschiedenen Gefrierprodukte.

Vorbereiten des Gefriergutes Fleisch

- Die Knochen auslösen; magere, knochenfreie Fleischstücke sind besser und länger lagerfähig, sie lassen sich leichter verpacken. Die Luft kann vollständig entfernt werden.
  Da die Pakete nicht sperrig und daher gut zu stapeln sind, nehmen sie weniger Platz ein. Es besteht weniger Gefahr, das Verpackungsmaterial zu beschädigen, und die vorhandene Qualität bleibt länger erhalten.
- Wird das Fleisch mit den Knochen eingefroren, müssen diese, damit sie nicht vorstehen und das Verpackungsmaterial beschädigen, flach abgesägt und mit Schwarten oder Folien abgedeckt werden.
- Das Fleisch der späteren Verwendung entsprechend portionieren und zurichten (z. B. Schnitzel schneiden, Gulaschfleisch würfeln). Zwischen die einzelnen Schnitzel Folien legen; man kann sie in angetautem Zustand leichter voneinander trennen und rascher weiterverarbeiten.
- Mehrere kleine flache Pakete formen, denn diese frieren rascher durch als große.
- Fertiggerichte rasch einfrieren; sie müssen spätestens zwei Stunden nach dem Kochvorgang auf 10 °C heruntergekühlt sein, damit keine Schadkeimvermehrung stattfindet.

Vor dem Einfrieren das Fleisch für die spätere Verwendung entsprechend portionieren.

Geflügel

- Das Geflügel innerhalb von 24 Stunden nach der Schlachtung tieffrieren
- Die Flügel und die Beine sind mit einem Gummiring am Körper zu fixieren, damit sie das Verpackungsmaterial nicht durchstoßen
- Innereien in ein Säckchen geben und in die Bauchhöhle stecken. Das Säckchen lässt sich beim Auftauen rasch entfernen.
- Die Backhühner vor dem Einfrieren in Portionen teilen.

Putenfleisch wird in Kleinhaushalten nach Bedarfsmenge und für bestimmte Zubereitungsarten geteilt. Die Verwendungsmöglichkeiten sind dadurch vielfältiger und es fallen keine Reste an.

Das Verpacken von Gefriergut

Nur neue Polyäthylenfolien verwenden, denn sie sind hygienisch und unbeschädigt.

Sorgfältiges Verpacken erhält die Qualität der Produkte!

Die Luft aus den Paketen entweder sorgfältig ausstreichen oder mit einem Strohhalm aussaugen. Luftpolster verzögern die Gefriergeschwindigkeit und fördern das Ranzigwerden.

Kammer-Vakuumiergerät

Vakuumieren

Das Vakuumieren dient dazu, Fleischprodukte länger haltbar zu machen. Grundsätzlich lassen sich alle Fleischprodukte vakuumieren. Bei den einzelnen Fleischprodukten sind jedoch unterschiedliche Vorgehensweisen zu beachten: Während bei Frischfleisch kein Zusatz nötig ist, muss man vor allem beim Vakuumieren von Würsten (Krainer etc.) oder anderen verarbeiteten Waren ein CO_2-Stickstoff-Gemisch zusetzen, damit die Würste sich nicht verformen. Das hat außerdem den Vorteil, dass die Fleischprodukte farbstabiler und haltbarer bleiben. Speziell beim Rindfleisch wird durch das Vakuumieren eine längere Lagerung möglich, durch die das Fleisch reifen kann und seine Qualität steigert (beispielsweise dadurch, dass es beim Kochen mürber wird).

Es gibt verschiedene **Vakuummaschinentypen**: Es gibt für den professionellen Gebrauch einerseits sog. Kammermaschinen und andererseits günstigere Geräte für den Hausgebrauch, die die Waren außerhalb der Maschine vakuumieren. Diese Geräte sind zwar günstig in der Anschaffung; die Kunststoffsäcke für diese Maschinen sind jedoch sehr teuer, weil sie eine Wabenstruktur enthalten müssen. Die Kammermaschinen zeichnen sich dadurch aus, dass sie eine größere Vakuumleistung haben und dadurch besser vakuumieren. Die Kunststoffsäcke sind zudem günstiger. Beim Einkauf muss man jedoch darauf achten, dass man die Größe der Maschine nach den zu vakuumierenden Fleischwaren ausrichtet, da diese im Inneren der Maschine vakuumiert werden. Für die Lagerung aller Säcke ist es wichtig, dass diese trocken und sauber gelagert werden, damit sie nicht mit Verunreinigungen kontaminiert werden, wird doch in ihnen Frischfleisch und fertige Ware verpackt.

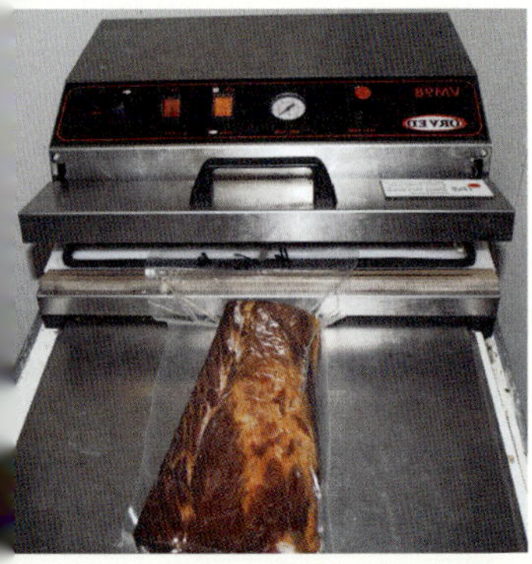

Vakuumiergerät für den Haushalt

Bei den **Vakuumsäcken** gibt es zwei Arten: erstens den Siegelrandbeutel und zweitens den Schrumpfbeutel. Der Siegelrandbeutel soll eine Stärke von 90 µ betragen (µ steht für Mikrometer). Der Schrumpfbeutel hat beim Vakuumieren von Frischfleisch den Vorteil, dass er sich zusammenzieht, wenn man ihn nach dem Vakuumieren für 3–5 Sekunden in 90 °C heißes Wasser legt. Durch das Zusammenziehen wird er noch fester und man hat weniger Saftaustritt beim Frischfleisch. Darüber hinaus dient das kurze Eintauchen als Keimabtötung, ohne dass das Fleisch gegart wird. Wenn vakuumierte Produkte zum Verkauf angeboten werden, muss unbedingt darauf geachtete werden, dass sie entsprechend etikettiert sind: Herkunft des Produkts, Zutatenliste, Preisauszeichnung, Mindesthaltbarkeit

Verschiedene Verschlussformen

Paketverschluss

Das Gefriergut wird in die Mitte der Folie gelegt und in sie eingeschlagen. Dabei wird sorgfältig die Luft herausgedrückt. In die übereinandergelegte Folie wird die Beschriftung eingeschoben. Die seitlichen Enden werden sodann in Dreiecksform nach oben gelegt und der Verschluss mit Spagat, Gummiringen oder Klebestreifen gesichert. Der Paketverschluss ist die einfachste Verpackungsart.

Beim Verpacken sorgfältig die Luft herausdrücken.

Faltverschluss

Die beiden Längsenden werden unter Verdrängung der Luft eingefaltet, bis die letzte Falte an das Gefriergut ganz dicht anliegt.

Dann wird die Umhüllung dicht am Gefriergut nach unten geschoben; mit Gummiringen, Spagat oder Klebestreifen befestigen.

Das Säckchen verschließt man, indem man die Öffnungskanten nach dem Herausstreichen der Luft bis zum Gefriergut einfaltet. Beim Säckchen und bei Schläuchen kann vor dem Verschließen die Luft auch abgesaugt werden. Die Beschriftungszettel werden in allen diesen Fällen in eine durchsichtige Folie gehüllt und zwischen Gefrierprodukt und Packstoff eingeschoben.

Quelle: Beratungsschrift 2. Einfrieren im bäuerlichen Haushalt (BMLFUW)

Beschriftungszettel in durchsichtiger Folie zum Gefriergut geben.

Drehverschluss

Luft ausstreichen, die Öffnungsenden zusammendrehen, zu einem Hals zurückschlagen und mit Sackverschluss oder Gummiring befestigen.

Beschriften des Gefriergutes

Pakete sollten beschriftet werden, damit eine Überlagerung vermieden wird (Inhalt, Stückzahl und Einfrierdatum).

Beispiel:

3 kg Schweineschlögel, am 5. November 2011 abgepackt
Lagerfähig bei –18 °C bis Ende März 2012
Nach dem Auftauen rasch verbrauchen!
Andreas Meier, Kulm 4, 9010 ...

Einfrierregeln

- Bei größeren Einfriermengen das Gerät sechs Stunden vorher auf „super“ schalten und damit den Gefriervorgang beschleunigen.
- Frische Ware im Vorgefrierfach einfrieren.
- Ungefrorene Ware nie mit der gefrorenen Ware in Berührung bringen, sonst kommt es zu Qualitätseinbußen, z. B. der Außenrand wird trocken und rascher ranzig.
- Das Fleisch muss 24 Stunden im Vorgefrierfach bei tiefsten Temperaturen lagern, dann erst die Lagertemperatur von –18 bis –20 °C einstellen.

Gefriereignung und Lagerdauer verschiedener Fleischarten

Fleischart	Gefriereignung	Lagerdauer bei –18 °C
Fisch, fett	gut	2 Monate
Fisch, mager	sehr gut	6 Monate
Enten	gut	4 Monate
Gänse	gut	6 Monate
Hähnchen	sehr gut	8 Monate
Suppenhühner	sehr gut	10 Monate
Truthühner	sehr gut	8 Monate
Kaninchen	sehr gut	6 Monate
Kalbfleisch	gut	6 Monate
Schweinefleisch, fett	mittelmäßig	3 Monate
Schweinefleisch, mager	sehr gut	bis 5 Monate
Schinken	gut	3 bis 5 Monate
Speck, frisch	mittelmäßig	3 Monate
Faschiertes, ungewürzt	gut	3 Monate
Schaffleisch	sehr gut	5 Monate
Rindfleisch	sehr gut	bis 10 Monate
Wild	sehr gut	bis 6 Monate
Innereien, roh	gut	bis 3 Monate
Fertiggerichte	gut	1 Monat
Blutwürste	mittelmäßig	1 bis 2 Monate
Leberwürste	mittelmäßig	1 bis 3 Monate
Bratleberwurst	mittelmäßig	1 bis 3 Monate
Selchwürste, frisch	mittelmäßig	1 bis 3 Monate
Salami, getrocknet	sehr gut	6 Monate

Hinweis: Die Lagerzeiten können nur mit Hilfe eines Inventars eingehalten werden.

Kontrolle des Inventars (Inhalts)

Ein Inventarverzeichnis gibt Überblick über die vorhandene Gefrierware, beugt Überlagerungen vor und gewährt Anhaltspunkte für den Verbrauch (z. B. Speiseplan).

Beispiel eines Inventarverzeichnisses

Paket	Datum	Lebensmittel/Art/Stück/oder kg	entnommen
21	26.4.	2 kg Beiried Rind	
22	28.4.	1 Brathuhn	
23	28.4.	1 Brathuhn	
24	29.4.	Gulasch, Fertiggericht	

Aufgrund eines solchen Verzeichnisses ist auch der Platz für Neuzugänge erkennbar.

Abnahme des Gehaltes wichtiger Vitamine

bei der Lagerung von eingefrorenem Fleisch (–18 °C)

Vitamin	Fleischart	Zeitraum	Verlust
Vitamin B_1	Schwein	6 Monate	0–25 % Verlust
	Rind	11 Monate	9–13 % Verlust
Vitamin B_2	Schwein	6 Monate	bis 37 % Verlust
Vitamin E	Schwein	12 Monate	26–52 % Verlust
	Rind	6 Monate	33–72 % Verlust

Quelle: Frau Dipl. oec. troph. Monika Radke, Universität Trier

Auftauregeln

- Die Gefrierware unverpackt in einem geschlossenen Gefäß im Kühlschrank auftauen. Kleine Stücke in angetautem Zustand verarbeiten.
- Aufgetautes Fleisch rasch verarbeiten. Die Vermehrung von Schadkeimen an der Oberfläche setzt schon während des Auftauens ein.
- Arbeitsflächen, Gefäße und Messer, die beim Auftauen von Wild und Geflügel mit von innen austretender Flüssigkeit beschmutzt wurden, mit 85 °C heißem Wasser gründlich reinigen, bevor man sie mit Lebensmitteln in Berührung bringt, die zum Rohgenuss bestimmt sind. Geflügel und Wild könnten mit Salmonellen infiziert sein, die durch das Gefrieren nicht getötet wurden.

Salmonellen werden durch das Gefrieren nicht getötet.

Herstellung von Dauerwaren

Wurstbereitung

Einteilung der Wurstarten

Kochwürste

Rohwürste

Fleisch- und Brühwürste

Roh- und Pökelwaren

Fettbereitung

Wurstbereitung

Das Österreichische Lebensmittelbuch (Codex alimentarius Austriacus) dient der Kundmachung von Sachbezeichnungen, Begriffsbestimmungen, Untersuchungsverfahren, Beurteilungsgrundsätzen und Richtlinien, wie die Produkte in Verkehr gebracht werden dürfen.

Im Kapitel B 14 „Fleisch und Fleischerzeugnisse"* sind unter anderem die fachgemäße Bezeichnung der einzelnen Wurstsorten, deren Herstellungsrichtlinien und jeweiligen Grenzwerte angeführt.

Sie sind für den Erzeuger, der die Produkte auf den Markt bringt, bindend. Aus diesem Grund werden in diesem Buch die wichtigsten Abschnitte aus dem Kapitel B 14 berücksichtigt.

Werden diese Grenzwerte über- oder unterschritten, ist das Produkt verfälscht. Dies kann bei der Direktvermarktung zu Anzeigen und Strafen führen. Da diese Grenzwerte selbst nicht feststellbar sind, müsste jeder Direktvermarkter seine Produkte von sich aus untersuchen lassen.

Herstellungsrichtlinien

In diesen Richtlinien werden für die einzelnen Wurstsorten lediglich jene Ausgangsmaterialien nach Art und Menge angegeben, die für die erforderliche Beschaffenheit des fertigen Produktes wesentlich sind. Die Richtlinien haben beispielhaften Charakter; gewisse Variationen sind also möglich, sofern die Grenzwerte nicht unter- oder überschritten werden.

Rezepturen mit kg-Angaben können keine Gewähr dafür bieten, dass ein Produkt den Codexbestimmungen entspricht. Denn die Inhaltsstoffe

** Fleisch und Fleischwaren aus dem Österreichischen Lebensmittelbuch, Verlag Brüder Hollinek, Wien.*

des Fleisches (Eiweiß, Fett, Wasser, Kollagen) hängen vom Alter des Tieres und dessen Fütterung ab; sie sind nicht in allen Fleischteilen gleich vorhanden. So etwa hat das Fleisch junger Tiere weniger Bindegewebe; das Fleisch ist bei Flüssigfütterung wasserreicher; Rückenspeck hat wenig Wasser und mehr Bindegewebe und daher einen höheren Fettgehalt.

Einteilung der Wurstarten

Kochwürste

Bei Kochwürsten wird die zu verarbeitenden Zutaten (Fleisch, Schwarte, Leber usw.) vorher gebrüht (umgangssprachlich spricht man von Kochen, tatsächlich wird es bei ca. 80 °C gebrüht), dann wird das Fleisch verarbeitet, danach wird es noch einmal gebrüht.

Beispiel: Streichfähige Kochwürste (Leberstreichwurst), andere Kochwürste (Brät-, Blut-, Sulzwurst)

Bei Kochwürsten werden die Zutaten vorher gebrüht.

Rohwürste

Das Ausgangsmaterial ist roh, es wird auch roh verarbeitet und verzehrt.

Beispiel: Salami, Hauswurst (roh)

Fleisch-, Brüh- oder Brätwürste

Das Ausgangsmaterial ist roh, wird verarbeitet und wird erst hinterher gebrüht.

Beispiel für Brätwürste: Extrawurst, Frankfurter, Leberkäse usw. (Dieses Kapitel wird in diesem Buch nicht behandelt.)

Beispiel für Fleisch- und Brühwürste: Dauerwürste, Krainer, Wiener, Polnische

Kochwürste (Streich- und Blutwürste, Sulzen)

Dazu zählen streichfähige Kochwürste und andere Kochwürste.

Streichfähige Kochwürste

Leberpasteten, Leberstreichwürste

Andere Kochwürste

Bratleberwurst, Kärntner Maischerl, Kärntner Weißwurst, Blut- und Sulzwürste.

Codexbestimmungen für Kochwürste

Sorte & Bezeichnung	Herstellungsrichtlinien	Grenzwerte
Leberpastete	Bei Pasteten gibt es keine Rezeptempfehlungen; es darf keine Stärke (Mehl, Brösel) mitverarbeitet werden	
1. Schnittfeste Leberpastete		Kollagenwert 12,0 Wasser : Eiweiß 4,0 Fett : Eiweiß 2,5
2. Streichfähige Leberpastete		Kollagenwert 12,0 Wasser : Eiweiß 4,5 Fett : Eiweiß 3,0
Leberstreichwürste **Sorte 1**, z. B. ■ Gutsleberwurst ■ Bauernleberstreichwurst, feine Leberstreichwurst ■ Hermagorer Leberstreichwurst	30 Teile Leber vom Schwein oder Kalb 25 Teile mageres Fleisch vom Schwein oder Kalb 45 Teile fette Abschnitte	Kollagenwert 15,0 Wasser : Eiweiß 4,0 Fett : Eiweiß 2,6
Sorte 2, z. B. ■ Leberstreichwurst; ohne besondere Hervorhebung, sonst wird das Produkt der Sorte 1 zugerechnet ■ Leberstreichwurst, grob (bezieht sich auf die Herstellung)	25 Teile Leber vom Schwein 22 Teile Schweinskopffleisch mit Schwarte 15 Teile Innereien (Milz, Herz und/oder Zunge) 38 Teile fette Abschnitte mit Schwarte	Kollagenwert 25,0 Wasser : Eiweiß 4,0 Fett : Eiweiß 4,0
Sorte 3 Name ohne Wortverbindung mit Leber	15 Teile Leber 20 Teile Schweinskopffleisch mit Schwarte	Kollagenwert 30,0 Wasser : Eiweiß 4,0 Fett : Eiweiß 3,4
Streichwurst	15 Teile Innereien 10 Teile Schwarte 40 Teile fette Abschnitte mit Schwarte	

Fortsetzung auf der nächsten Seite

Sorte & Bezeichnung	Herstellungsrichtlinien	Grenzwerte
Andere Kochwürste		
Bratleberwurst	Schweinskopffleisch mit Schwarte, fette Abschnitte; Innereien – mindestens 5 % Leber, nicht über 12 Teile Suppe, nicht über 10 Teile Weißbrot und Zerealien*	
Kärntner Maischerl und Weißwürste	Sind im Codex der Bratleberwurst zugeordnet, sie werden ohne Innereien bereitet	
Bratblutwurst	Schweinskopffleisch mit Schwarte, Schweineblut, nicht über 5 Teile Weißbrot und Zerealien, nicht über 5 Teile Brühe und Milch nach Bedarf	

* Zerealien: Gekochter Reis, Hirse, Rollgerste, Buchweizen

Codexbestimmungen für Sulz- und schnittfeste Blut-, Zungen- und Leberwürste sind im Anhang auf Seite 175 zu finden!

Herstellungsrichtlinien

Zubereitung

Das Fleisch muss möglichst rasch nach der Schlachtung gekocht werden, damit

- der typische Fleischgeschmack erhalten bleibt.
- die erzeugten Produkte geschmeidig und streichfähig werden (Innereien, z. B. Leber, werden roh oder überbrüht verarbeitet. Das Eiweiß der rohen Leber umschließt die Fettmoleküle, bei rascher Verarbeitung bildet sich kein Fettrand).
- die fertige Masse locker in Därme gefüllt werden und somit beim Brühen nicht platzen kann.

Erhitzen

Kerntemperatur muss 72 °C erreichen!

Erhitzungstemperatur und Brühdauer sind unbedingt einzuhalten. Die Kerntemperatur von 72 °C muss erreicht werden, daher richtet sich die Erhitzungsdauer nach dem Durchmesser der Wurst. Wird die Kerntemperatur nicht erreicht, wird die Wurst sauer und damit verdorben. Deshalb soll immer die Kerntemperatur gemessen werden.

Abkühlen

Das Abkühlen darf nicht schockartig erfolgen. Es beginnt in lauwarmem Wasser, dem nach und nach kaltes Wasser zugesetzt wird.

Während des Abkühlens müssen die Leberstreichwürste gerollt oder massiert werden, damit sich das Randfett gleichmäßig verteilt. Der Arbeitsgang des Rollens ist besonders wichtig, wenn der Leberanteil gering ist und der Masse keine Emulgatoren (verhindern ein Absondern des Fettes) zugesetzt wurden.

Sauberkeit

Die Leber muss wegen des hohen Eiweißgehaltes sorgfältig behandelt werden.

Sauberes und rasches Arbeiten ist Grundbedingung dafür, dass die Materialien schadkeimarm bleiben. Das Fettmaterial muss sorgfältig aussortiert werden und die Drüsen im Fettmaterial müssen sauber ausgeschnitten werden, um Säuerungen und Geschmacksabweichungen zu vermeiden. Die Leber hat einen sehr hohen Eiweißgehalt und muss daher besonders sorgfältig behandelt werden. Es sollte nur sehr frische Leber verarbeitet werden und versucht werden, möglichst alle Gallengänge zu entfernen und sicherstellen, dass keine Bitterstoffe zurückbleiben. Bei richtiger Verarbeitung liefert die Leber wichtige Aromen.

Wichtig ist, dass die Streichwurst nach dem Füllen sofort gebrüht wird, da gerade in den Sommermonaten die Gefahr besteht, dass sie sonst sauer wird. Die Kochzeiten richten sich immer nach den Kalibern. Die Kerntemperatur soll 70–72 °C Kerntemperatur betragen.

Lagerfähigkeit

Kochwürste haben eine beschränkte Lagerfähigkeit

Lagerungsart	Tage/Monate	Lagertemperatur
Frisch	bis 7 Tage	+2 bis +6 °C
Vakuumverpackt	6 bis 8 Tage	+2 bis +6 °C
Gefroren	bis 1 Monat	−18 °C

Rezepte für streichfähige Kochwürste

Grobe Leberstreichwurst

Zutaten für 10 kg Masse

6,5 kg Fleisch vom Göderl oder durchwachsenen Bauch
3 kg Schweinsleber
3 kg Zwiebeln

Gewürze für 1 kg Masse

22 g Salz, 3–4 g Mischgewürz (Weißer Pfeffer, Ingwer, Majoran, Basilikum, Neugewürz, Thymian) oder Fertiggewürz

Zubereitung

- Fleisch 30 Minuten bei 100 °C brühen
- Leber kurz brühen
- Zwiebeln würfelig schneiden und rösten
- Leber und Zwiebeln zweimal fein wolfen oder kuttern
- Fleisch mit einer 6- bis 8-mm-Lochscheibe wolfen
- Masse mit den Gewürzen gut durchmischen
- In Naturdärme füllen, bei 80 °C 60 bis 120 Minuten brühen
- Die Erhitzungsdauer richtet sich nach dem Durchmesser der Würste (Kaliber); es muss eine Kerntemperatur von 72 °C erreicht werden
- Langsam abkühlen
- Bei 18 bis 20 °C einen Tag lang räuchern

Leberstreichwurst

Feine Leberstreichwurst

Zutaten für 10 kg Masse

3 kg Schweinsleber
2,5 kg mageres Schweinefleisch
4,5 kg fette Abschnitte

Gewürze für 1 kg Masse

20 g geröstete Zwiebeln
20 g Salz (oder Nitritpökelsalz)
3–4 g Mischgewürz (Weißer Pfeffer, Muskatblüte (Macis) und Pfefferkraut) oder Fertiggewürz nach Gebrauchsanweisung

Zubereitung

- Rohe Leber zweimal sehr fein wolfen oder kuttern, mit dem Salz gut vermischen und kühl stellen
- Die fetten und mageren Fleischabschnitte bei 100 °C 20 Minuten lang brühen
- Das noch sehr heiße Fleisch wolfen oder kuttern. Die Temperatur der Fleischmasse soll dabei zwischen 45 und 50 °C liegen.
- Leber und Gewürze mit der Fleischmasse gut vermischen. Die Temperatur darf dabei nicht unter 35 °C sinken; nur dann umschließt das Lebereiweiß die Fettmoleküle; es entsteht kein Fettrand.
- Die Masse in Kochdärme für Leberwürste füllen
- So lange brühen, bis eine Kerntemperatur von 75 °C erreicht ist. Der Brühvorgang dauert je nach Kaliber 45 bis 90 Minuten.
- Bei Verwendung von Nitritpökelsalz die gefüllten Würste in 60 °C heißes Wasser legen, die Temperatur 30 Minuten halten. Anschließend langsam auf 80 °C erhöhen. Dabei erfolgt die Umrötung.
- Nach dem Brühen die Leberwürste kalt abschrecken oder langsam abkühlen
- Für den Frischverbrauch bis maximal sieben Tage bei 2 bis 6 °C lagern oder einfrieren

Leberstreichwurst Sorte 1

Zutaten für 10 kg Masse

3 kg Schweinsleber
3 kg Schweinsköpfe
4 kg Griffe und Göderln

Gewürze für 1 kg Masse

20 g Salz, 4 g Mischgewürz (Pfeffer, Majoran, Thymian, Muskatblüte und Neugewürz)

Zubereitung

wie feine Leberstreichwurst

Leberstreichwurst Sorte 2

Zutaten für 10 kg Masse

2,5 kg Schweinsleber
3 kg Schweinskopffleisch mit Schwarte
1 kg Innereien (Milz, Herz, Zunge)
3,5 kg fette Abschnitte mit Schwarte

Gewürze für 1 kg Masse

20 g Salz, 30 g geröstete Zwiebeln, Knoblauch nach Geschmack, 4 g Mischgewürz (Pfeffer, Majoran, Thymian, Ingwer, Neugewürz)

Zubereitung

wie feine Leberstreichwurst

Streichwurst Sorte 3

Zutaten für 10 kg Masse

1,5 kg Schweinsleber
1,5 kg Innereien (Milz, Herz, Zunge)
2 kg Schweineköpfe, gekocht
1 kg Schwarten
4 kg fette Abschnitte

Gewürze für 1 kg Masse

25 g Salz, 2 g Pfeffer, 30 g geröstete Zwiebeln, Gewürze (Majoran, Thymian, Basilikum und Knoblauch) nach Geschmack

Zubereitung

wie feine Leberstreichwurst

Die Rezepte für Streichwürste können beispielsweise zudem mit 2 % gebrochenen (geschroteten) Kürbiskernen oder einem Schuss Kürbiskernöl verfeinert werden. Auch eine kleine Menge Honig zur Verfeinerung hat sich bewährt.

Rezepte für andere Kochwürste

Bratleberwurst

Zutaten für 10 kg Masse 3 kg Schweinskopffleisch

0,5 kg Leber
2 kg Innereien (Milz, Herz, Zunge)
1 kg Schwarten
1,5 kg fette Abschnitte
1 l Brühe
1 kg Weißbrot oder gekochte Zerealien (Rollgerste, Buchweizen, Hirse, Reis)

Gewürze für 1 kg Masse

22 g Salz
20 g Zwiebeln
4 g Mischgewürz (Pfeffer, Majoran, Basilikum, Neugewürz)

Zubereitung

- Fleisch, Schwarten, Herz, Zunge kochen, auslösen
- Fleisch und Innereien durch die 3-mm-Scheibe wolfen
- Mit gewürfeltem Weißbrot oder gekochten Zerealien vermengen, würzen und die Masse mit Suppe geschmeidig machen
- In Schweinedärme füllen und abbinden, in 80 °C heißem Wasser kurz brühen und in kaltem Wasser kühlen
- Einfrieren

Maischerl

Zutaten für 10 kg Masse

4 kg gekochtes Schweinskopffleisch
3 kg überbrühte Göderln
1 kg gekochte Suppe
1 kg Weißbrot oder gekochte Zerealien
1 kg gekochte Schwarten
Schweinsnetz nach Bedarf

Gewürze für 1 kg Masse

25 g Salz, 2 g Pfeffer, Majoran, Thymian, Neugewürz, 20 g geröstete Zwiebeln

Zubereitung

- Alle gekochten Teile mit der 3-mm-Lochscheibe wolfen
- Mit würfelig geschnittenem Weißbrot oder gekochten Zerealien vermengen, würzen und die Masse mit der Suppe geschmeidig machen
- Kugeln formen und ins Schweinsnetz einhüllen
- Für den Frischverbrauch kühl lagern oder einfrieren

Blutwürste

Es gibt Blutwürste mit (z. B. mit Rollgerste) und solche ohne Zerealien (z. B. Thüringer oder geräucherte Blutwürste).

Blut ist besonders nährstoffreich, dadurch können sich alle Schadkeime gut vermehren (bei der Blutgewinnung und -verarbeitung ist auf größte Sauberkeit zu achten). Man sollte das Blut mit Kochsalz oder einem Antigerinnungsmittel vor dem Rühren vermischen. Blut muss sofort nach dem Schlachten einige Zeit gerührt werden. Durch den dabei eingebrachten Sauerstoff bleibt die Farbe erhalten. Danach ist das Blut bis zur Verarbeitung auf 3 °C zu kühlen, damit sich die Keime nicht so gut vermehren. Sofort nach der Schlachtung verarbeitetes Fleisch ergibt den besten Geschmack. Getrocknete Gewürze (Thymian, Majoran, Piment) können, im Gegensatz zu Gewürzextrakten, die Farbe ins Bräunliche verändern.

Das Blut bis zur Verarbeitung auf 3 °C kühlen!

Der Speck sollte in sehr kaltem Zustand gewürfelt und anschließend mit heißem Wasser abgebrüht werden, damit die Außenschicht der Würfel schmilzt und das Blut den Speck nicht mehr rot färben kann.

Werden Blutwürste ohne Zerealien (Reis, Rollgerste usw.) verarbeitet, müssen das Fleisch und die Zunge vorgepökelt werden, damit das Endprodukt (z. B. Thüringer) ein schöneres Schnittbild aufweist.

Geräucherte Blutwurst

Zutaten für 10 kg Masse

4 kg gepökeltes, gekochtes Schweinskopffleisch
1,5 kg gesalzenes Blut
3 kg Speckwürfel, vorgebrüht
1,5 kg Schwarte, gebrüht

Gewürze für 1 kg Masse

6 g Blutwurstfertiggewürz, 30 g geröstete Zwiebeln

Zubereitung

- Die gepökelten Schweinsköpfe kochen und noch warm auslösen
- Das erkaltete Fleisch mit einer 8-mm-Lochscheibe wolfen
- Schwarte brühen, noch warm mit 3-mm-Lochscheibe wolfen und mit Blut vermischen
- Die Fleischmasse, den Speck und die Gewürze zu den Schwarten geben, eventuell nachwürzen und gut vermischen
- Sofort in die Naturdärme füllen und bei 80 °C je nach Dicke 1 bis 2 Stunden brühen. Es muss eine Kerntemperatur von 72 °C erreicht werden.
- Anschließend bei 50 bis 60 °C eine Stunde lang räuchern

Blutwurst mit Rollgerste

Zutaten für 10 kg Masse

5 kg gekochtes Schweinskopffleisch
2 kg Blut
0,5 kg Schweinskopfsuppe
1 kg fette Abschnitte
1 kg gekochte Schwarten
0,5 kg Rollgerste

Gewürze für 1 kg Masse

20 g Salz, 2 g Pfeffer, 1 g Majoran, 2 g Basilikum, 1 g Neugewürz

Zubereitung

- Das gekochte Fleisch mit den fetten Abschnitten wolfen
- Die Schwarten brühen, noch warm sehr fein wolfen und mit dem Blut vermischen; die übrigen Zutaten beimengen
- Sinkt die Temperatur der Masse unter 30 °C, verliert die Masse die Bindigkeit.
- In Därme füllen, bei 80 °C brühen
- Mit lauwarmem Wasser abspülen, kühl lagern oder einfrieren

Blutwurst

Sulz und Sulzwürste

Bei der Fleischverarbeitung fallen Teile an, die sich besonders für die Bereitung von Sulzen eignen, z. B. Schweinskopf, Schwarte und Schweinsfüße. Schweinsköpfe können frisch oder gepökelt zu Sulz verarbeitet werden. Gepökeltes Fleisch gibt der Sulz eine schöne rote Farbe.

Das Zutaten für die Sulzerzeugung dürfen nicht zu lange gebrüht werden, damit ihre Gelierkraft nicht verlorengeht.

Durch zu langes Brühen geht die Gelierfähigkeit verloren.

Um eine klare Sulz zu bekommen, wird das an den gekochten Fleischstücken und Schwarten anhaftende Fett mehrmals mit heißem, dann mit kaltem Wasser gespült und schließlich von der erkalteten Brühe abgeschöpft. Die Beigabe von etwas Essig erhöht die Gelierkraft.

Tipp!

Ein schöneres Anschnittbild entsteht, wenn man mageres Fleisch größer und fettes kleiner würfelt.

Haussulz

Zutaten für 10 kg Masse

4 kg gekochtes Schweinskopffleisch
2 kg gekochte Schwarten
0,5 kg gekochte Karotten
3,5 l entfettete Fleischschwartensuppe

Gewürze zum Kochen

Wurzelwerk, Zwiebeln, Pfefferkörner; bei Bedarf die Sulz mit Salz und Pfeffer nachwürzen, etwas Essig

Zubereitung

- Köpfe mit viel Wurzelwerk und Gewürzen bei 80 °C brühen, bis sich das Fleisch von den Knochen löst, danach sofort auslösen
- Schwarten nicht zu weich brühen
- Das warme Fleisch und die Schwarten einige Male sehr heiß schwemmen und einmal kalt spülen
- Mageres Fleisch in 4 cm große Würfel, fettes Fleisch in 1 cm große Würfel schneiden
- Karotten in Scheiben schneiden
- Alle Zutaten mit Suppe und Essig mischen und eventuell nachwürzen
- Masse in einen flachen Kochtopf schütten und erkalten lassen
- Sulzen sind bei +4 °C eine Woche lagerfähig.

Presswurst

Zutaten für 10 kg Masse

7 kg gepökeltes Schweinskopffleisch
3 l Kochsuppe
Essig

Gewürze für die Suppe

Wurzelwerk, Zwiebeln, Pfefferkörner, Salz

Zubereitung

- Die gepökelten Schweinsköpfe solange bei 80 °C brühen, bis sich das Fleisch von den Knochen löst
- Das Fleisch noch warm auslösen und mehrmals in heißem, anschließend in kaltem Wasser spülen
- Fleisch in gleichmäßige Würfel schneiden, mit Suppe und Essig vermischen. Bei Bedarf mit Salz und Pfeffer oder Fertiggewürzen nachwürzen
- Masse in Spezialdarm (Kaliber 120) füllen, straff zubinden und bei 80 °C ca. zwei Stunden brühen
- Abduschen
- Auf ein Brett legen, mehrmals wenden, damit die Einlage gleichmäßig verteilt wird
- Lagerfähigkeit bei +4 °C eine Woche

Presswurst (Presssack)

Die häufigsten Fehler und deren Ursachen bei Kochwürsten

Leberstreichwurst

Fehler	Ursache
Grauer Kern	Zu kurze Umrötungszeit bei Verwendung von Nitritpökelsalz Überlagertes Nitritpökelsalz
Grüner Kern	Zu kurze Brühdauer; die Kerntemperatur von 72 °C wurde nicht erreicht
Schlechter Geruch und Geschmack	Bei Verwendung von roher Zwiebel und zu kurzer Brühdauer entsteht eine Säuerung Lagerung in zu warmen Räumen
Zu hohe Schadkeimzahl	Unsauberes Arbeiten Zu kurze Brühdauer, zu geringe Brühtemperatur Lagerung in zu warmen Räumen

In allen genannten Fällen ist die Leberstreichwurst verdorben!

Blutwürste

Fehler	Ursache
Blutige Speckwürfel	Speck wurde nicht genügend gebrüht Zu langsames Arbeiten – der Speck hatte zu lange Kontakt mit dem rohen Blut
Mangelnde Schnittfestigkeit*	Rohmaterial zu wenig gekocht Lagerung in zu warmen Räumen Beginnende bakterielle Zersetzung
Säuerung*	Zu kurze Brühdauer oder Brühtemperatur war zu niedrig; die Kerntemperatur wurde nicht erreicht Lagerung in zu warmen Räumen Beginnende bakterielle Zersetzung

* Die Blutwurst ist verdorben!

Sulzen

Fehler	Ursache
Mangelnde Festigkeit	Rohmaterial zu wenig gekocht bzw. zu geringer Schwartenanteil Fertige Ware zu stark und zu lange erhitzt Nach der Essigzugabe nicht mehr erhitzt Lagerung in zu warmen Räumen

Rohwürste (Hauswurst, Salami)

Dazu zählen Rohwürste mit Belag (z. B. Ungarische Salami) und Rohwürste ohne Belag (z. B. rohe Hauswurst).

Rohwürste bestehen aus rohem Fleisch und Speck.

Rohwürste bestehen aus rohem, zerkleinertem Fleisch und Speck. Die Rohwurstmasse wird mit Salz und Gewürzen vermischt, in Därme abgefüllt und bei entsprechender Temperatur und Luftfeuchtigkeit gereift und getrocknet. Die Haltbarkeit ist zurückzuführen auf

- die Anwesenheit spezieller Milchsäurebakterien
- den Zusatz von Kochsalz
- den Ausschluss von Luftsauerstoff und
- die sorgfältige Abtrocknung

Die Herstellung von Rohwürsten erfordert besondere Sorgfalt und große Erfahrung.

Rohmaterial und Zutaten

Fleisch

Nur gutes, ausgekühltes, reifes Fleisch von einwandfreier Qualität verwenden (d. h. von gesunden, gut gemästeten, nicht zu jungen Tieren, die sorgfältig geschlachtet wurden).

Die Schweine sollten ein Mindestendmastgewicht von 140 kg haben.

Je älter die Schlachttiere sind, umso kräftiger sind die Fleischfarbe und das Aroma der daraus erzeugten Produkte. Positiv hat sich bewährt, das Fleisch direkt bei der Schlachtung bzw. möglichst rasch danach zu entbeinen, da während der Kühlung dem Fleisch am meisten Feuchtigkeit entzogen wird und die Feuchtigkeit bei der Wurstproduktion nicht mehr entzogen werden muss.

Fleisch für Wurstherstellung soll einen pH-Wert unter 5,8 haben.

Der pH-Wert des Fleisches sollte unter 5,8 liegen; Fleisch mit höherem pH-Wert ist für die Rohwurstproduktion nicht empfehlenswert, da dieser zu fehlerhafter Ware führt.

Rohwürste aus reinem Schweinefleisch sind elastisch und gut im Geschmack. Rohwürste aus Rindfleisch sind schwer herzustellen, da die Reifung und Trocknung sehr schwierig sind. Es treten daher häufig Fehler auf. Folgende Zusammensetzung verschiedener Fleischarten hat sich bewährt:

⅓ vom Schwein, ⅓ vom Rind, Wild oder Schaf und ⅓ Speck

Speck

Für langsam reifende Rohwürste eignet sich der Rückenspeck von älteren Tieren besser als andere Speckarten. Er ist fettreicher als die übrigen Specksorten. Die Speckqualität soll kernig, nicht weich oder ölig sein.

Der Speck soll kernig sein!

Wird eingefrorener Speck verwendet, so darf dieser nicht ranzig sein. Dies würde die Lagerfähigkeit, den Geschmack und die Farbe der Rohwürste negativ beeinflussen.

> Der in Streifen geschnittene Speck sollte kurz angefroren werden. Dadurch verliert er etwas Wasser und lässt sich maschinell besser schneiden.

Salz

Der Zusatz von 2,2–3,0 % Kochsalz ist wichtig. Wird mit weniger Salzzugabe gearbeitet, dürfen auf dem Hygienesektor nicht die kleinsten Fehler gemacht werden. Kochsalz beeinflusst die Wasserabgabe von innen nach außen während des Reifungsprozesses und wirkt konservierend. Nitritpökelsalz verwendet man eher bei kleinkalibrigen Würsten, wie Hauswürsten, und Salpeter setzt man eher bei dickkalibrigen (55–120 mm Durchmesser) zu, da dieser bei der Umrötung etwas länger braucht und für die längere Reifung der Würste eine höhere Farbstabilität gewährleisten kann.

> Salpeter soll nicht mit Nitritpökelsalz, sondern nur mit Kochsalz gemischt werden, da ansonsten der Restnitratgehalt zu hoch ist.

Zucker

Durch die Beigabe von Zucker (am besten Dextrose) werden die Milchsäurebakterien optimal versorgt und es kommt zu der gewünschten Säurebildung. Im Codex sind bei den einzelnen Sorten die Zuckerhöchstmengen angegeben (2 bis 6 g/kg Fleisch). Je weniger Zucker zugesetzt wird, desto länger dauert die Abbindung (Reifung), aber mit zu hohen Zuckerzugaben ist Vorsicht geboten, da sonst die Wurst zu stark säuert und reißt.

Je weniger Zucker, desto länger dauert die Abbindung.

Bei Verwendung von Fertiggewürzen müssen die Höchstmengen des Zuckers reduziert werden, da in den Gewürzmischungen schon Kohlenhydrate enthalten sind.

> Die Beigabe von Zucker hat mit viel Fingerspitzengefühl zu erfolgen, denn Schadkeime ernähren sich vom Zucker.

Zu hohe Zuckergaben und zu hohe Temperaturen während des Reifungsprozesses ergeben eine porige Wurst mit kratzendem und beißendem Geschmack. Wird mehr als ein Drittel des im Codex angegebenen Zuckers mit Traubenzucker gedeckt, kann es in den ersten Tagen der Reifung zu einer starken Säuerung kommen und die Würste platzen auf.

Gewürze

Die Gewürze (Pfeffer, Knoblauch, Salz, Salbei, Rosmarin, Rotwein, Rum und Cognac) verfeinern den Geschmack und Geruch der Rohwurst.

Knoblauch wirkt auf Salmonellen hemmend, Salbei und Rosmarin verzögern das Ranzigwerden.

Verschimmelte Gewürze übertragen den Schimmelpilz auf die Wurstmasse

Die Gewürze dürfen nicht verschimmelt sein, sie würden den Schimmelpilz auf die Wurstmasse übertragen.

Sonstige Zusätze

Impfungen mit Starterkulturen unterstützen den Reifungsprozess. Starterkulturen sind natürlich gezüchtete Bakterienstämme, die in der Rohwurst die Bakterienflora positiv unterstützen und zu einer sicheren Fermentierung führen. Die Würste werden dadurch früher schnittfest. Die Schimmelbildung bei Salamiwürsten kann durch eine Impfung mit Spezialschimmelkulturen gefördert werden.

Herstellungsrichtlinien

Zubereitung

- Sauber, zügig und bei kühlen Temperaturen arbeiten.
- Das Fleisch mit scharfen Messersätzen zerkleinern, dabei darf es sich nicht erwärmen. Zusätzlich ist es hilfreich, das Fleisch leicht anzufrieren, da sich dadurch ein schöneres Schnittbild ergibt und sich das Fleisch nicht so hoch erwärmt.
- Die Wurstmasse zu einer leichten Bindung mischen, da sie, wenn sie zu viel gemischt wird, gummiartig wird und dadurch strohig werden kann.
- In Natur- oder Spezialdärme füllen. Es gibt Kalibergrößen von 35 bis 120 mm. Je größer der Durchmesser, desto schwieriger ist die Trocknung der Würste.
- Naturdärme sorgfältig reinigen und jegliches Fett entfernen, sonst kommt es zu Geschmacksveränderungen.
- Vor dem Abfüllen sämtliches Wasser aus dem Darm ausstreifen und ausklopfen.
- Damit die fertige Wurst wenig Luft enthält, muss bereits die Wurstfüllmaschine dicht gefüllt werden. Lufteinschlüsse fördern das Ranzigwerden. Die optimale Fülltemperatur liegt zwischen 0 und 2 °C.

Wurstzutaten vor dem Kuttern

Reifungs- und Trocknungsvorgänge

Das Reifen und Trocknen ist der schwierigste und heikelste Abschnitt bei der Rohwursterzeugung; er bedarf großer Erfahrung und ständiger Kontrollen.

Die verschiedenen Milchsäurebakterien in der Wurst bauen den Zucker zu Säuren ab und senken dadurch den pH-Wert. Es entsteht ein milchsäuerlicher Geschmack. Der pH-Wert beeinflusst auch die Wasserabgabe, Schnittfestigkeit und hemmt die Schadkeimvermehrung.

Die Milchsäurebakterien senken den pH-Wert.

Über die Wursthülle wird das Wasser von der Randschicht an die Raumluft abgegeben. In den Randschichten entsteht eine Kochsalzkonzentration. Das Kochsalz wandert zur Kernmitte, entzieht den Magerfleischfasern das Wasser mit den darin gelösten Eiweißstoffen und befördert es wieder zu den Randschichten.

Eine gute Feuchtigkeitsabgabe vom Inneren der Wurst zur Raumluft kann nur bei einem Wasserdampfdruckgefälle stattfinden. Aus diesem Grund müssen Raumtemperatur, relative Raumfeuchtigkeit und Luftgeschwindigkeit optimal abgestimmt sein, sonst entsteht ein Trockenrand, der die Feuchtigkeitsabgabe unterbindet. Die Wurst verdirbt (säuerlicher oder fauliger Wurstkern).

Wenn Rohwürste geräuchert werden, ist es empfehlenswert, sie mindestens 24 Stunden bei 16–18 °C der Raumtemperatur anzugleichen, damit die Wursthülle außen völlig abgetrocknet ist. Ist die Wurst außen nicht trocken, entstehen Rauchflecken.

Geräuchert soll erst werden, wenn die Wurst schon ausreichend stark umgerötet hat, da sie ansonsten äußerlich vergraut. Der Rauch konserviert und hemmt die Schimmelpilzbildung und gibt der Wurst den Räuchergeschmack. Die Rauchtemperatur hängt vom Rezept ab. Salami sollte bei 15 bis 18 °C geräuchert werden, denn dann können sich an der Hülle noch Schimmelpilze ansiedeln.

Räuchern erst, wenn die Wurst stark umgerötet hat.

Faktoren, die die Reifung und Trocknung beeinflussen

- Kochsalz, Zuckermenge, Fettgehalt der Rohware, Zugabe von Starterkulturen
- Zerkleinerungsgrad der Rohware
- Durchmesser der Würste (Rohwürste mit sehr großem Durchmesser müssen sehr langsam getrocknet werden.)

- Relative Luftfeuchtigkeit der Räume
- Temperatur der Räume und
- Luftgeschwindigkeit (Luftaustausch) in den Räumen ergeben das Raumklima.

Das Raumklima ist abhängig von folgenden Faktoren

- Bauzustand und den Baustoffen
- Allgemeine Gebäudeheizung
- Lüftungsmöglichkeit
- Lage der Reifungs- und Trocknungsräume
- Lage des Hauses
- Außenklima (Seehöhe, Luftfeuchtigkeit, Temperaturschwankungen)
- Jahreszeit

> Durch regelmäßige Kontrollen und Messungen werden Reifung und Trocknung überwacht.

In der Industrie sind Reife- und Trockenräume mit Spezialgeräten ausgestattet, die das Raumklima optimal steuern.

Empfohlene Messdaten für die Reifung und Trocknung der Rohwürste

Zeitraum	Raumtemperatur	Relative Luftfeuchtigkeit*	Luftgeschwindigkeit
Reiferaum			
4 bis 6 Stunden	20–22 °C	55–60 %	0,5–0,8
Bis zum 3. Tag	22–20 °C	95–90 %	wird langsam
4. bis 10. Tag	18 °C	90–80 % fallend	gesenkt
Trockenraum			
ab dem 10. Tag	15–13 °C	bis 75 %	0,1

* Relative Luftfeuchtigkeit ist das Maß für die Höhe der Sättigung der Luft mit Wasserdampf. Die relative Luftfeuchtigkeit wird mit Feuchtigkeitsmessgeräten ermittelt (z. B. mit dem Hygrometer)

Nach dem Abfüllen muss die Wursttemperatur in 4–6 Stunden die Temperatur des Reifungsraumes erreichen.

In der Aufwärmphase darf an der Wursthülle kein Wasserdampf kondensieren. Wasser kann aus den Randschichten den Muskelfarbstoff entziehen. Die Wurst bekommt einen grauen Rand. Häufiges Waschen der Würste während der Reifung und Trocknung kann denselben Fehler hervorrufen.

Liegt die relative Luftfeuchtigkeit in den ersten Tagen bei 95 %, kommt es zu keiner Wasserabgabe aus der Wurst.

Wenn die relative Luftfeuchtigkeit zu stark absinkt, bildet sich ein Trockenrand, der den Trocknungsprozess beeinträchtigt.

Steigt die Raumtemperatur in den ersten drei Tagen des Reifens über 22 °C, vermehren sich die schädlichen Mikroorganismen besonders schnell.

Bei über 22 °C Raumtemperatur vermehren sich die schädlichen Mikroorganismen.

Bei langsam gereifter Salami (z. B. Ungarischer Salami) mit stärkerem Durchmesser werden die Anfangstemperaturen sogar oft unter 20 °C gehalten. Die Reifung und Trocknung dauern mindestens zehn Wochen.

Rohwürste mit geringem Durchmesser sind in vier bis acht Wochen fertig.

Die Luftgeschwindigkeit muss an allen Stellen der Reifungs- und Trocknungsräume gleich sein, damit die Würste nicht umgehängt werden müssen. Die Verwendung von Spezialgeräten (wie Raumthermometer, Luftfeuchtigkeitsmesser, Luftgeschwindigkeitsmesser) erleichtert die Kontrollarbeit.

Faktoren, welche die Qualität der Rohwurst beeinflussen

- Rohmaterial
  - Keimgehalt des Fleisches
  - Kühltemperatur
  - pH-Wert
  - Totenstarreverlauf
- Reinheit, Alter und Menge der Zusatzstoffe (Kochsalz, Nitritpökelsalz, Salpeter, Zuckerstoffe, Gewürze, Starterkulturen)
- Verarbeitungsbedingungen
  - Personen-, Raum- und Gerätehygiene
  - Raumtemperatur
  - Genauigkeit
- Reifebedingungen
  - Temperatur, relative Luftfeuchtigkeit
  - Luftgeschwindigkeit

Qualitätsmerkmale beim fertigen Produkt

- Grenzwerte
- Keimgehalt in der Masse
- Erwünschte Mikroorganismen
- Vorhandene Schimmelpilze

- Grad der Räucherung
- pH-Wert = Säuerung
- aW-Wert = Wasseraktivität in der Wurst
- Je höher der Abtrocknungsgrad, desto geringer ist die Wasseraktivität
- Abtrocknungsgrad

Rindfleischeinteilung laut Codex

Das für die Wursterzeugung verwendete Rindfleisch wird in folgende Sorten eingeteilt:

Rindfleisch I

- Knöpfel ohne Wadschinken
- Englischer ohne Rostbraten
- Dicke Schulter, jeweils von den groben Sehnen befreit
- Rindfleisch II, gut entsehnt

Rindfleisch II

- Schulter ohne dicke Schulter und ohne Wadschinken
- Vorderer und hinterer ausgelöster Rostbraten
- Ganze ausgebeinte (ausgelöste) Tiere ohne Ortschwanzl (Schale), Englischer Braten, Kopf
- Ganze Vorderviertel, von groben Sehnen befreit

Rindfleisch III

- Bindegewebereiches Fleisch
- Platte, Wadschinken, Spitz
- Brust, Kopffleisch, Schlund ohne Schleimhaut und Knochenputz

Für das Fleisch anderer Tierarten gibt es keine so genaue Einteilung; es werden lediglich die Eigenschaften „sehnenfrei“, „mager“ angeführt.

Codexbestimmungen für die im Buch behandelten Rohwürste

Rohwürste mit Belag

Sorte & Bezeichnung	Herstellungsrichtlinien	Grenzwerte
Ungarische Salami	72 Teile mageres, sehnenfreies Schweinefleisch 28 Teile Speck 4 g Zucker/kg Trocknungsverlust ca. 35 %	Kollagenwert 11,0 Wasser : Eiweiß 1,2 Fett : Eiweiß 2,1 pH-Wert nicht unter 5,8
Haussalami Heurigensalami Salami ohne Bezeichnung	70 Teile Rindfleisch I + II evtl. aus magerem Schweinefleisch 30 Teile Speck* 4 g Zucker/kg Trocknungsverlust ca. 32 %	Kollagenwert 16,0 Wasser : Eiweiß 1,3 Fett : Eiweiß 1,3 pH-Wert nicht unter 5,8

Jede Salamibezeichnung muss einen weißen Spezialschimmelbelag aufweisen, ansonsten ist dies eine Rohwurst ohne Belag.

Rohwürste ohne Belag

Sorte & Bezeichnung	Herstellungsrichtlinien	Grenzwerte
Hauswurst, roh	70 Teile Rindfleisch II oder mageres Schweinefleisch 30 Teile Speck[1] 6 g Zucker/kg Trocknungsverlust ca. 32 % Rauchtemperatur nicht über 25 °C	Kollagenwert 18,0 Wasser : Eiweiß 3,0 Fett : Eiweiß 2,4 pH-Wert nicht unter 5,3
Landjäger/Almjäger rund oder abgepasst[2]	Zwei Drittel Rindfleisch II + III und/oder Schweinefleisch, ein Drittel Speck, Zucker wie Hauswurst, roh Trocknungsverlust ca. 30 %	Kollagenwert 23,0 Wasser : Eiweiß 1,5 Fett : Eiweiß 2,6 pH-Wert nicht über 5,2

[1] Bei Verwendung von reinem Rückenspeck sollten jeweils um 3 Teile weniger Speck als angegeben genommen werden, damit der Grenzwert von Fett : Eiweiß nicht überschritten wird.
[2] Almjäger werden in Därme mit einem Durchmesser von 33 mm bis nicht über 50 mm gefüllt

Rezepte für Rohwürste mit Belag

Ungarische Salami

Zutaten für 10 kg Masse

7,2 kg mageres, sehnenarmes Schweinefleisch
2,8 kg Speck

Gewürze für 1 kg Masse

24–28 g Kochsalz, 0,5 g Salpeter, 4 g Zucker, 2 g Pfeffer, Knoblauch, Rotwein nach Geschmack, eventuell Reifekulturen (Reinschimmelkulturen)

Zubereitung der Wurstmasse

- Schweinefleisch in faustgroße Stücke schneiden
- Mit Salz und Salpeter salzen
- Einige Tage im Kühlraum vorpökeln (Fleischsaft nicht zur Wurstmasse geben!)
- Reifekulturen nach Gebrauchsanweisung verwenden
- Fleisch mit 8-mm-Lochscheibe wolfen
- Speckstreifen anfrieren und kleinwürfelig schneiden
- Alle Zutaten mischen, würzen und bündig kneten; Speck im letzten Drittel beigeben
- Die Temperatur der Masse soll nicht über 7 °C ansteigen.
- In Salamidärme luftdicht füllen

*Reifen und Trocknen**

Zeitraum Stunden/Tage	Raumtemperatur	Relative Luftfeuchtigkeit*
in 6 Stunden	auf + 20° ansteigend	bis 60 %
2.–4. Tag	20 bis 18° absinkend	94–90 %
5.–10. Tag	18°	90–80 %
eventuell leicht räuchern bei 16° anschließend		
ca. 8 Wochen	15 bis 12°	80–65 %

Eventuell: Impfen mit Schimmelkulturen nach Gebrauchsanweisung!

* Erklärung der Tabelle vgl. S. 110

Die Luftgeschwindigkeit soll am Beginn der Reifezeit 0,5–0,8 m in der Sekunde betragen und später auf 0,1 m gesenkt werden. Die Salami ist bei ca. 35 % Trocknungsverlust verkaufsfertig.

Ungarische Salami besteht nur aus Schweinefleisch; dadurch ist sie auch nach längerer Lagerung nicht hart im Biss.

Salami I (oder Haussalami)

Jede Wurst unter der Bezeichnung Haussalami, die in den Handel gebracht wird, muss einen weißen Spezialschimmelbelag aufweisen. Der pH-Wert darf nicht unter 5,8 liegen.

Rohwürste im Reiferaum

Zutaten für 10 kg Masse

5,5 kg mageres, sehnenfreies Schweinefleisch
2 kg Rindfleisch I oder II
2,5 kg Speck

Gewürze für 1 kg Masse

24–28 g Kochsalz, 0,5 g Salpeter, 4 g Zucker, Knoblauch, Rum, Cognac nach Geschmack, eventuell Reifekulturen

Zubereitung, Reifung und Trocknung

Wie Ungarische Salami. Die Haussalami muss vor dem Verkauf 32 % abtrocknen.

Salami II (oder Haussalami)

Zutaten für 10 kg Masse

3,5 kg Rindfleisch I oder II
3,5 kg Schweinefleisch
3 kg Speck

Gewürze für 1 kg Masse

Wie Ungarische Salami

Zubereitung, Reifung und Trocknung

Wie Ungarische Salami

Rezepte für Rohwürste ohne Belag

Kärntner Hauswürste, roh, in Salamidärme gefüllt, dürfen nach der Region (als Kärntner, Murtaler, Glantaler usw. Haussalami) bezeichnet werden.

Kärntner Hauswürste, roh

Zutaten für 10 kg Masse

2,5 kg Rindfleisch II, z. B. Schulter
4,5 kg mageres Schweinefleisch
3 kg gemischter Speck

Gewürze für 1 kg Masse

28 g Nitritpökelsalz, 2 g Pfeffer, 1 g Zucker, 2 g Knoblauch, Rotwein, eventuell Reifekulturen

Zubereitung

- Das Fleisch mit 6- bis 8-mm-Lochscheibe wolfen
- Den gefrorenen Speck feinwürfelig schneiden
- Den Knoblauch vor dem Mixen heiß überbrühen, die Gewürze zum Magerfleisch geben
- Kurz durchkneten
- Den Speck beimengen und weiterkneten
- Die Masse muss gut bindig sein, damit das Fett vom Eiweiß eingehüllt wird. Die Temperatur der Masse soll nicht über 7 °C aufweisen. Vorsicht bei Knetgeräten: Durch zu langes Kneten wird die Bindigkeit des Eiweißes zerstört
- In Schweinsdärme Kaliber 20–32 mm füllen, zu 120–150 g abdrehen
- An Stangen aufhängen
- 1–2 Tage bei 20 °C reifen lassen
- Bei 22 °C räuchern

Reifen und Trocknen

Zeitraum Stunden/Tage	Raum-temperatur	Relative Luftfeuchtigkeit
2 Tage	bei 18 °C	90 %
7–10 Tage	bei 16 °C	85 %
ab 10. Tag	15–14 °C	80 %
Lagerung	bei 14 °C	75 %

Die Hauswurst roh ist bei ca. 15 % Trocknungsverlust verkaufsfertig. Wird die Fleischmasse in Salamidärme mit 55 mm oder größerem Durchmesser gefüllt, müssen Reifung und Trocknung wie bei der Ungarischen Salami erfolgen.

Der Abtrocknungsgrad muss in diesem Fall 32 % betragen.

Kärntner Hauswürste, roh, aus reinem Schweinefleisch

Zutaten für 10 kg Masse

7,5 kg Schweinefleisch Schlögel-/Schulter-Abschnitte
2,5 kg Speck

Gewürze für 1 kg Masse

28 g Nitritpökelsalz, 2 g Pfeffer, 1 g Zucker, Knoblauch, Rotwein nach Geschmack, eventuell Reifekulturen

Zubereitung, Reifung und Trocknung

Wie Hauswürste, roh

Hauswürste, roh

Zutaten für 10 kg Masse

3 kg Rindfleisch II
3 kg Schweinebauch mager ohne Schwarte
2 kg mageres Schweinefleisch
2 kg gemischter Speck

Gewürze für 1 kg Masse

22 g Kochsalz, 2 g Pfeffer, 2 g Zucker, 0,5 g Kardamom, Knoblauch, gemahlener Kümmel, Rotwein nach Geschmack

Zubereitung, Reifung und Trocknung

Wie Kärntner Hauswurst, roh

Hauswürste zum Frischverzehr

Zutaten für 10 kg Masse

3,0 kg Rindfleisch II
7,0 kg durchwachsene Schweinebäuche ohne Schwarten

Gewürze für 1 kg Masse

22 g Kochsalz, 2 g Pfeffer, 1 g Zucker, Knoblauch, gemahlener Rosmarin, Rotwein nach Geschmack

Zubereitung

- Die Schweinebauchstreifen anfrieren
- Das Rindfleisch mit 3 mm Lochscheibe wolfen
- Die gefrorenen Schweinebäuche mit 6 mm Lochscheibe wolfen
- Knoblauch vor dem Mixen heiß überbrühen, die Gewürze zur Fleischmasse geben
- Die Masse bündig kneten. Die Temperatur der Masse soll nicht über 7 °C aufweisen
- In Schweinsdärme füllen, zu 150 g abdrehen
- Auf Stangen hängen, bei 22 °C räuchern

Rindfleischrohwurst

Zutaten für 10 kg Masse

5,5 kg Rindfleisch II
1,5 kg mageres Schweinefleisch
3 kg gemischter Speck

Gewürze für 1 kg Masse

22–28 g Nitritpökelsalz, fertige Gewürzmischung für Hauswürste, roh, weiters Reifekultur

Zubereitung

- Das Fleisch mit 6-mm-Lochscheiben wolfen
- Den gefrorenen Speck feinwürfelig schneiden
- Fleischmasse mit Gewürzen kurz durchkneten
- Den Speck beimengen und weiterkneten
- Die Masse muss bündig sein, damit das Fett vom Eiweiß eingehüllt wird. Die Temperatur der Masse soll nicht über 7 °C aufweisen.
- In Schweinsdärme füllen und 15 dag abdrehen
- Auf Stangen hängen, 1–2 Tage bei 20 °C reifen lassen
- Bei 22 °C räuchern

Reifen und trocknen
Wie Kärntner Hauswürste, roh

Bei 15 % Trocknungsverlust ist die Wurst verkaufsfähig.

Die Rindfleischrohwurst ist bei ca. 15 % Trocknungsverlust verkaufsfertig. Wird die Rindfleischmasse in Salamidärme gefüllt, soll das Kaliber nicht über 55 mm betragen.

Die Reifung und Trocknung ist bei dieser Art besonders empfindlich. Es entsteht leicht ein Trockenrand mit Rissen und Löchern in der Masse.

> Ist ein 32-%iger Trocknungsverlust eingetreten, sollen die Würste vakuumverpackt werden. Durch die Verpackung wird ein weiterer Trocknungsverlust verhindert und die Kaufähigkeit bleibt erhalten.

Almjäger

Zutaten für 10 kg Masse
3 kg Rindfleisch II oder III
4 kg magere Schweinefleischabschnitte
3 kg Speck

Gewürze für 1 kg Masse
Fertiggewürz nach Gebrauchsanweisung, 28 g Kochsalz, eventuell Reifekulturen

Zubereitung
- Frisches Rindfleisch ganz fein wolfen
- Den Speck und das magere Schweinefleisch anfrieren
- Das magere Schweinefleisch mit 6-mm-Lochscheibe wolfen
- Speck würfelig schneiden
- Alles zusammenmischen, würzen und kneten
- In Natur- oder Kunstdärme mit Kaliber von 33 mm bis 50 mm füllen.
- Bei 22 °C räuchern
- Anschließend trocknen; die Raumtemperatur wird in dieser Zeit langsam von 18 auf 16 °C gesenkt.
- Die relative Luftfeuchtigkeit von 90 auf 85 %, später auf 80 % reduzieren. „Almjäger“ sind nach einem Trocknungsverlust von 30 % verkaufsfähig.

Wild- und Schaffleischrohwürste mit oder ohne Belag

Bei Schafffleisch das Fett entfernen!

Das Rindfleisch kann in allen Rezepten mit beschautem Wild- oder Schaffleisch ausgetauscht werden. Bei Schaffleisch ist jedes Fett zu entfernen.

Aus der Kennzeichnung muss die jeweilige Tierart ersichtlich sein, also Wild- oder Schafrohwurst mit oder ohne Belag.

Beim Verkauf muss der Anteil des Fleisches (Hirsch, Schaf usw.) über 50 % liegen, damit die Bezeichnung Hirsch- oder Schafrohwurst gerechtfertigt ist.

Lammfleischwürste roh

Zutaten für 10 kg Masse

7,5 kg Lammfleisch
2,5 kg gemischter Speck

Gewürze für 1 kg Masse

22 g Kochsalz, 2 g Pfeffer (gemahlen oder ganz), 1 g Zucker, Knoblauch, gemahlener Salbei, Muskatnuss, Cognac nach Geschmack

Zubereitung

- Lammfleisch von Fett und Sehnen befreien und mit 6 mm Lochscheiben wolfen
- Den gefrorenen Speck feinwürfelig schneiden
- Gewürze zum Lammfleisch geben
- Kurz kneten
- Den Speck beimengen und weiterkneten, bis die Masse bündig ist
- In Naturdärme füllen, zu 150 g abdrehen
- An Stangen aufhängen
- 1–2 Tage bei 20 °C reifen lassen
- 24 Stunden bei maximal 22 °C räuchern

Reifen und trocknen wie Kärntner Hauswurst, roh

Rohwildwürstel, aufgehängt zum Reifen

Abtrocknungsgrad der Rohwürste

Bevor die Rohwürste zum Verkauf kommen, muss durch mehrere Stichproben der Abtrocknungsgrad festgestellt und mit der Codexbestimmung verglichen werden. Betasten ist keine geeignete Methode, um über den Trocknungsgrad genaue Aussagen machen zu können.

Durch Betasten lässt sich der genaue Trocknungsgrad nicht feststellen!

Berechnung des Abtrocknungsgrades

Gewicht am Herstellungstag – Gewicht nach der Trocknung

Beispiel für Trocknungsverlust
10 kg Hauswurst, roh, am 13. 1.
8,4 kg Hauswurst, roh, am 20. 2.
1,6 kg Trocknungsverlust = 16 %
Codexbestimmungen: ca. 15 %

Bei längerer Lagerung geht die Trocknung weiter, die Wurst wird zu hart, und die Qualität nimmt bei zunehmender Trocknung ab.

Da der Trocknungsgrad das Gewicht beeinflusst, wird die Salami in Stangen verkauft.

Die häufigsten Fehler und deren Ursachen bei Rohwürsten

Salami, Hauswurst, roh

Fehler	Ursache
Geplatzte Wursthülle	Traubenzuckerbeigabe zu hoch Die Temperatur im Verarbeitungsraum war zu hoch Hohe Anzahl an Schadkeimen
Mangelhafte Bindung der Wurstmasse	Verwendung von nicht geeignetem Rohmaterial (PSF, DFD-Fleisch und Fleisch rauschender Tiere) Zu langes Kneten mit dem Knetgerät Verwendung von undurchlässigem Darmmaterial
Stickiger Geschmack	Mangelhafte Fleischqualität Die Temperatur der Wurstmasse ist während der Verarbeitung auf über 7 °C angestiegen Zu schnelle Trocknung Zu viele Schadkeime sind vorhanden
Grauer Kern	Zu rasche Trocknung; in den Räumen waren die Temperaturen und die Luftgeschwindigkeit zu hoch und die Luftfeuchtigkeit zu gering

Fehler	Ursache
Zu hohe Anzahl von Schadkeimen	Hygienemaßnahmen beim Ausweiden und Verarbeiten nicht beachtet, dadurch enthält schon das Rohmaterial zu viele Keime Die Temperatur des Fleisches ist beim Kühlen über +7 °C geblieben Verzögerungen im Arbeitsablauf Zu hohe Raumtemperaturen beim Verarbeiten, Reifen und Trocknen
Speckwürfel fallen aus der Anschnittfläche	Speckwürfel zu warm verarbeitet, daher keine Bindung
Risse und Hohlräume	Luft im Wurststopfgerät bzw. schlechte Füllung Zu rasche Trocknung; Ursachen wie beim grauen Kern
Abheben der Wurstfülle	Schlecht ausgestreifte Därme Zu warm verarbeitete Wurstmasse
Essigsaurer Geschmack	Zu stark geräuchert Zu lange dem Rauch ausgesetzt Rauchabzug hat nicht funktioniert
Grauer Außenrand	Zu tiefe Temperatur beim Reifen und Trocknen Während der Reifung und Trocknung zu oft gewaschen Zu helle Lagerräume
Grüner Schimmelrasen	Zu hohe Luftfeuchtigkeit durch zu geringen Luftaustausch im Reifungs- und Trocknungsraum
Die geräucherte Wurst ist ungleichmäßig gefärbt	Die Würste wurden vor dem Räuchern ungenügend getrocknet Zu fette Wurstoberfläche durch unsauberes Arbeiten bei zu hohen Raumtemperaturen Würste beim Räuchern zu dicht gehängt

Fleisch- und Dauerwürste

Bratwurst

Zutaten für 10 kg Masse

0,5 kg entsehntes und entfettetes Rindfleisch
1 kg mageres Schweinefleisch
6,2 kg Bauch- oder Brustfleisch mit 1/3 erkennbarem Fettanteil
2 kg Schweinsbauch mit 2/3 erkennbarem Fettanteil
0,3 kg Eis oder kaltes Wasser

Füllen von Bratwürsten

Gewürze

entweder fertiges Bratwurstgewürz oder frischer Zwiebel, Majoran, 18 g Kochsalz pro Kilo Wurstmasse

Zubereitung

- Das magere Rindfleisch und das magere Schweinefleisch mit der 3-mm-Scheibe wolfen, Salz, Bindemittel und Eis/Wasser zur Masse hinzugeben und kneten, bis es eine gebundene Masse wird.
- Das restliche Fleisch mit der 5-mm-Scheibe wolfen. Gewürze hinzufügen, Bret und Gewürze gut dazumischen.
- Masse in Schweinsdärme (Kaliber 28/30) füllen und auf die gewünschte Größe (120 g) abdrehen
- Entweder roh am gleichen Tag braten; wenn die Wurst erst später weiterverarbeitet werden soll, 20 min kurz brühen.

  Als besondere Variante kann man der Masse nach Geschmack Kürbiskernöl oder gebrochene (geschrotete) Kürbiskerne beigeben.

Krainer

Zutaten für 10 kg Masse

1,6 kg entsehntes, fettfreies Rindfleisch
0,4 kg kaltes Wasser oder Eis
5,5 kg mageres Schweinefleisch
2,5 kg kerniger Nacken- oder Rückenspeck

Gewürze

entweder fertiges Krainergewürz oder Knoblauch, Kümmel, Pfeffer, 19–12 g Nitritpökelsalz pro Kilo

Zubereitung

- Das magere Schweinefleisch mit der anteiligen Menge Nitritpökelsalz vorsalzen, Gewürze beifügen und über Nacht im Kühlhaus durchpökeln lassen, um eine bessere Aromatisierung zu erreichen.

- Am Tag der Herstellung das magere Rindfleisch mit der 3-mm-Scheibe wolfen, Bindemittel und das Eis/Wasser dazugeben, sodann zu einer bindigen Masse kneten
- Das vorgesalzene Fleisch und den Speck mit der 6-mm-Scheibe wolfen, gut mit dem Bret vermischen, das restliche Salz hinzugeben
- In Schweinsdärme (30/32) füllen und auf 120 g pro Stück abdrehen.
- Räuchern, bis die Würste eine goldgelbe Farbe haben, anschließend bei 75 °C auf eine Kerntemperatur von 70 °C brühen (Dauer: ca. ½ Std.)
- In kaltes Wasser geben und auskühlen lassen
- Für Käsekrainer 20 % Emmentaler oder anderen harten Schnittkäse beimengen

Osterkrainer

Zutaten für 10 kg Masse

8 kg entsehntes und fast fettfreies Schweinefleisch
2 kg Nacken- oder Rückenspeck

Gewürze

entweder fertiges Osterkrainergewürz oder Knoblauch, Kümmel, Pfeffer, Majoran

Zubereitung

- 2 kg vom mageren Schweinefleisch mit der 3-mm-Scheibe wolfen, Gewürze, Salz und Bindemittel hinzufügen, ein wenig durchkneten
- Das restliche Fleisch und Speckmaterial mit der 6-mm-Scheibe wolfen und mit dem Bret vermischen
- In Schweinsdärme (30/32) füllen und zu Paaren von je 120 g pro Stück abdrehen
- Heiß goldgelb räuchern, bei 80 °C auf 70 °C Kerntemperatur brühen, im kalten Wasser auskühlen lassen

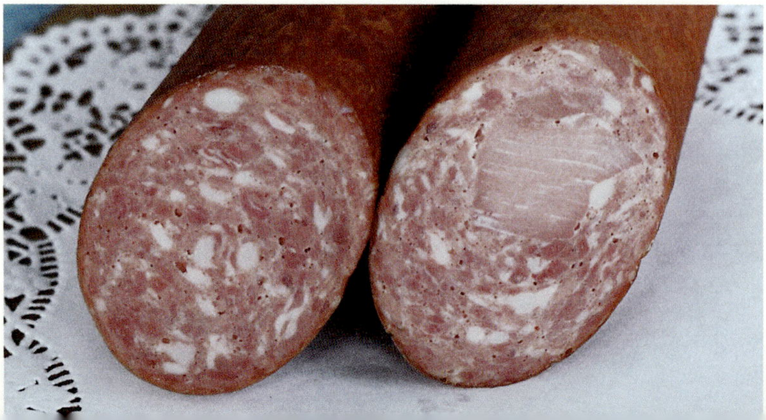

Haus- und Schinkenwurst

Hauswurst

Zutaten für 10 kg Masse

2,3 kg fettfreies, grob entsehntes Rindfleisch
2,5 kg Speck
4,5 kg mageres Schweine- oder Rindfleisch
0,7 kg kaltes Wasser oder Eis

Gewürze

entweder fertiges Hauswurstgewürz oder Pfeffer, 18–20 g Nitrotpökelsalz, Piment, Majoran, Knoblauch

Zubereitung

- 4,5 kg Schweine- oder Rindfleisch am Vortag anteilig mit Nitritpökelsalz salzen, die Gewürze hinzugeben und im Kühlraum durchpökeln lassen
- Das restliche Rindfleisch mit der 3-mm-Scheibe wolfen, das restliche Nitritpökelsalz wolfen, Bindemittel hinzugeben und das Wasser/Eis hinzufügen und zu einem bindigen Bret kneten
- Das vorgesalzene Einlagefleisch und den Speck mit der 4-mm-Scheibe wolfen, gut durchmengen, in Faserdärme abfüllen (Kaliber 75)
- Räuchern und dann bei 75 °C auf eine Kerntemperatur von 70 °C brühen und danach nochmals räuchern und trocknen lassen

Jausenwurst

Zutaten für 10 kg Masse

2 kg sehniges Rindfleisch
4,5 kg mageres, entsehntes Rind- oder Schweinefleisch
1 kg kaltes Wasser/Eis
2,5 kg Rückenspeck

Gewürze

fertige Jausenwurst-Gewürzmischung oder Knoblauch, Pfeffer, 20–22 g Nitritpökelsalz

Zubereitung

- 4,5 kg Rind- oder Schweinesalz anteilig vorsalzen, Gewürze hinzugeben und in der Nacht durchpökeln lassen
- Am Verarbeitungstag mit der 3-mm-Scheibe das sehnige Rindfleisch wolfen, das restliche Nitritpökelsalz und das Bindemittel dazugeben und mit dem kalten Wasser/Eis ein bindiges Bret kneten
- Das vorgesalzene Fleisch mit dem Speck vermengen, mit der 8-mm-Scheibe wolfen und mit dem Bret durchmischen
- In Faserdärme füllen, heiß räuchern, bei 75 °C auf eine Kerntemperatur von 70 °C brühen, hinterher nachräuchern und abtrocknen

Roh-Pökelwaren*

(Bachenspeck, Beinschinken, Rollschulter, Osso Collo, Bündner Fleisch)

Die Haltbarkeit hängt vom Salzgehalt und vom Austrocknungsgrad ab.

Die Haltbarkeit der Pökelwaren ist durch das Einwirken von Salz mit oder ohne Umrötungshilfen bedingt.

Die Haltbarkeit der Rohpökelware hängt vom Kochsalzgehalt und Austrocknungsgrad ab.

Man unterscheidet Rohpökel- und Kochpökelwaren.

Rohmaterial und dessen Vorbereitung für das Pökeln

- Roh- und Kochpökelwaren werden hauptsächlich aus Schweinefleisch hergestellt. Das von Sehnen befreite weiße Scherzel vom Rind und der Schlögel vom Schaf und Wild eignen sich ebenfalls zum Pökeln und ergeben feine Spezialitäten.
- Tiere, deren Fleisch zum Pökeln bestimmt ist, sollten gesund und gut gemästet sein und im ausgeruhten Zustand fachgerecht geschlachtet werden.
- Die Muskelzellen von Tieren, die im Stress geschlachtet wurden, sind geschädigt, sodass mehr Salz in sie eindringen kann. Der Salzgehalt der Ware wird somit erhöht.
- PSE-Fleisch ist ebenfalls nicht gut zum Pökeln geeignet. Der Geschmack der Produkte bleibt fad und die Farbe blass.
- DFD-Fleisch hat schlechte Pökeleigenschaften. Die nicht oder nur mangelhaft eingetretene Totenstarre verlangsamt das Eindringen des Kochsalzes in die Muskelzellen. Die konservierende Wirkung des Kochsalzes wird verzögert, die schädlichen Mikroorganismen finden gute Wachstumsbedingurgen vor. Die Oberfläche des DFD-Fleisches wird schmierig und die Sur (Pöckellake) kamig.
- Fleisch älterer Tiere ergibt eine kräftig gefärbte, lang haltbare Pökelware.
- Keimarmes, gut gekühltes und gereiftes Fleisch liefert erstklassige Qualität mit schöner Farbe.
- Ohne Kühlraum lassen sich Pökelwaren nur in den Wintermonaten herstellen.
- Fleisch je nach Tierart reifen lassen.

* Der Lebensmittelcodex kennt auch Kochpökelwaren. Dazu zählen Osterschinken, Teilsames, Saunaschinken etc.

Verschiedene Gewürze (Lorbeerblätter, Wacholderbeeren, Knoblauch, Koriander, Kümmel) verleihen den Räucherprodukten ihren einzigartigen Geschmack.

Das Fleischteilen

- In kühlen Räumen teilen
- Die Arbeit nicht für längere Zeit unterbrechen
- Die Schnittführung muss glatt sein. Es dürfen keine Einschnitte entstehen, in denen sich Fäulnisbakterien und Fliegenmaden entwickeln könnten
- Knochen auslösen; Fleischstücke ohne Knochen pökeln rascher durch und lassen sich leichter portionieren. An den Übergängen vom Fleisch zum Knochen könnten Fliegen ihre Eier ablegen

Pökelzusätze

Kochsalz

entzieht dem Fleisch das Wasser und hemmt die Entwicklung von schädlichen Kleinlebewesen. Menge: 25 g bis 40 g Kochsalz für 1 kg Fleisch oder Speck.

Salpeter

wird für die Erzeugung lang gereifter Rohpökelware verwendet. Menge: 0,3 g bis maximal 0,5 g Salpeter pro kg Fleisch.

Nitritpökelsalz

ist eine fertige Salzmischung mit Nitrit. Durch das Nitritpökelsalz bleibt der rote Pökelfarbstoff auch nach der Erhitzung erhalten. Nitritpökelsalz hat eine beschränkte Lagerfähigkeit. Es darf nicht offen und feucht lagern, sonst kommt es zu Umrötungsfehlern.

Menge: 25 g bis 40 g für 1 kg Fleisch oder Speck oder ¾ Menge Nitritpökelsalz und ¼ Menge Kochsalz.

Mischungen aus Nitritpökelsalz mit reinem Kochsalz werden auch für Rohpökelwaren verwendet, aber die Umrötung des Fleisches erfolgt langsamer.

Zucker oder Honig

Zucker und Honig nur in der kalten Jahreszeit verwenden.

bewirken eine schönere Farbe. Sie dürfen, wenn kein Kühlraum vorhanden ist, nur in der kalten Jahreszeit verwendet werden, sonst könnten sich schädliche Mikroorganismen entwickeln. Menge: maximal 5 g für 1 kg Fleisch

Gewürze

Pfeffer, Wacholderbeeren, Knoblauch, Piment, Kümmel, Lorbeerblatt, Koriander und Ingwer.

Verwendung und Dosierung sind individuell und hängen vom Geschmack des Erzeugers ab.

Pökelgefäße und Einrichtung

Wannen, Fässer und Tische aus Holz, Nirosta oder Kunststoff. Die Oberflächen müssen glatt und frei von Fremdgerüchen sein.

Pökelmethoden

- Trockenpökeln
- Nasspökeln
- Gemischtes Pökeln
- Schnellpökeln

Trockenpökeln

Das Fleisch verliert schon während des Pökelns Wasser.

Diese Methode ist besonders für die Erzeugung von Rohpökelwaren (Dauerwaren) geeignet. Das Fleisch verliert schon während des Pökelns Wasser und ist daher früher genussreif. Die Inhaltsstoffe werden nicht ausgelaugt; das Fleisch bleibt geschmackvoll.

Pökelmischung für 100 kg Fleisch

Kochsalz: 3 bis 4 kg
Salpeter: 50 g
Zucker oder Honig: 0,5 kg
Anstelle von Kochsalz und Salpeter kann Nitritpökelsalz (3–4 kg) verwendet werden.
Gewürze: Knoblauchwasser, Wacholderbeeren, gemahlener Pfeffer, Kümmel, Koriander und Ingwer.

Höhere Salzmengen werden genommen:
- wenn in Pökelräumen die Temperatur über 10 °C liegt
- für lang gereifte Pökelwaren, z. B. luftgetrockneten Spezialschinken
- für die Erzeugung von Speck mit einem hohen Fettanteil

Arbeitsvorgang

- Die Fleischstücke mit ¾ der Menge der Salz-Gewürz-Mischung einreiben. Einschnitte, Falten, Schwarten und Speckteile erhalten höhere Gaben. Besonders sorgfältig sind alle Übergänge von Knochen zum Fleisch einzureiben, damit sie später nicht von Insekten befallen werden.

Alle Übergänge von Knochen auf Fleisch besonders sorgfältig einreiben.

- Den Boden des Pökelgefäßes mit dem Salzgemisch ausstreuen
- Die Fleischstücke dicht einschichten, sodass möglichst wenig Zwischenräume entstehen, denn Luftpolster fördern die Schadkeimvermehrung. Große Fleischstücke auf den Boden legen und die Hohlräume mit kleinen Stücken ausfüllen.
- Einen gut schließenden Deckel auflegen und mit Gewichten beschweren.
- Die Temperatur im Pökelraum zwischen +4 °C und +10 °C halten. Laut Codex darf die Pökelraumtemperatur +12 °C nicht übersteigen.
- Nach einer Woche das Fleisch umschichten. Nasse Stellen mit dem restlichen Salzgemisch sorgfältig nachsalzen, damit sie nicht schmierig werden.
- Die Fleischstücke nach dem Pökeln abbürsten, um das überschüssige Salz zu entfernen

Überschüssiges Salz nach der Pökelung entfernen.

- Ein Fleischstück kochen und verkosten, um den Salzgehalt festzustellen. Man kann ihn senken, indem man das Fleisch einige Stunden in fließendes Wasser legt.
- Danach müssen die Fleischteile 3 bis 4 Tage bei einer Raumtemperatur von 6 bis 12 °C auf einem Rost abtrocknen. Man nennt diesen Vorgang „Durchbrennen“.
- Die Pökeldauer richtet sich nach dem Gewicht der Fleischstücke. Man rechnet z. B. ca. zwei Wochen für ein Fleischstück mit 2 kg Gewicht.

Osso Collo, ausgelöstes Karree oder Bündner Fleisch nehmen das Salz rascher auf und haben eine kürzere Pökeldauer.
Trocken gepökelte Waren sind früher genussreif.

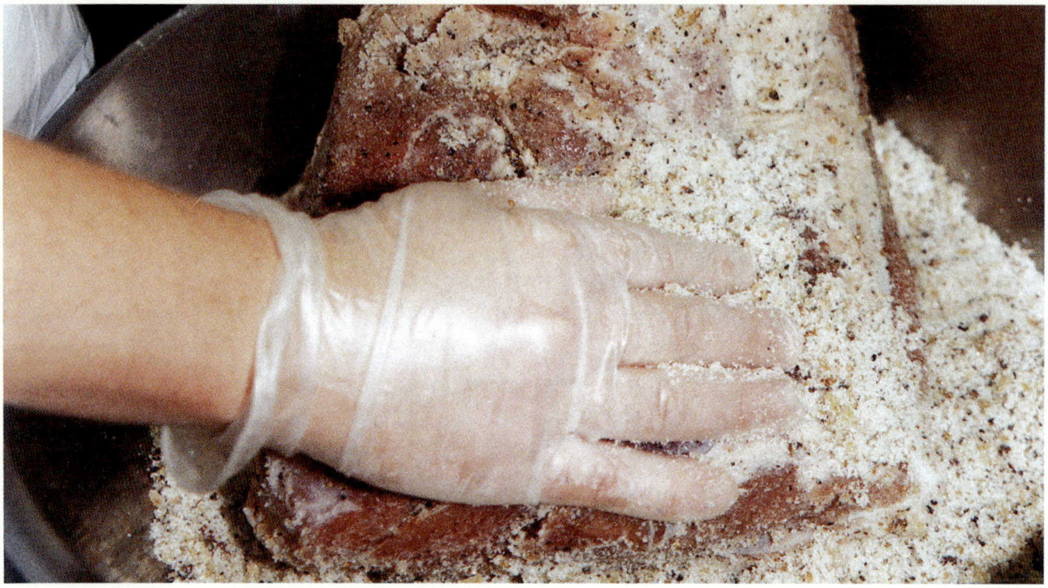

Trockenpökelung: Ein Schinkenstück wird mit groben Pökelsalz und Gewürzen eingerieben.

Tischpökeln

ist eine Art Trockenpökeln und für luftgeselchten Speck, Oberkärntner Bachenspeck sowie Rohpökelwaren geeignet.

Pökelmischung

Salzmenge: 3 bis 4 g pro kg Fleisch.
Speck nimmt nur eine gewisse Menge an Salz auf, sodass der Bedarf nicht berechnet werden muss. Gewürze nach Geschmack.

Arbeitsvorgang

- Die Fleischstücke mit dem Salz-Gewürz-Gemisch einreiben
- Mit der Schwartenseite auf die gesalzene Holztischfläche, größere Fleischstücke auf Holzstäbe legen
- In Oberkärnten werden die ausgelösten Speckseiten noch im warmen Zustand (spätestens 1,5 Stunden nach dem Schlachten) gesalzen, die Pökeldauer ist um 1 bis 2 Wochen kürzer
- Speck kann in mehreren Lagen übereinander gestapelt werden. Er ist dann öfters umzuschichten
- Raumbeschaffenheit: kühl, luftig, dunkel. Temperatur: +4 bis +10 °C. Wird nur mit Kochsalz gepökelt, darf die Temperatur in den ersten 2 Wochen +5 °C nicht übersteigen. Sie kann kurze Zeit auf Minusgrade absinken, ohne dass die Qualität des Speckes leidet.
- Vor dem Aufhängen wird das überschüssige Salz abgeklopft

Wird Speck in mehreren Lagen übereinander gestapelt, muss er öfter umgeschichtet werden.

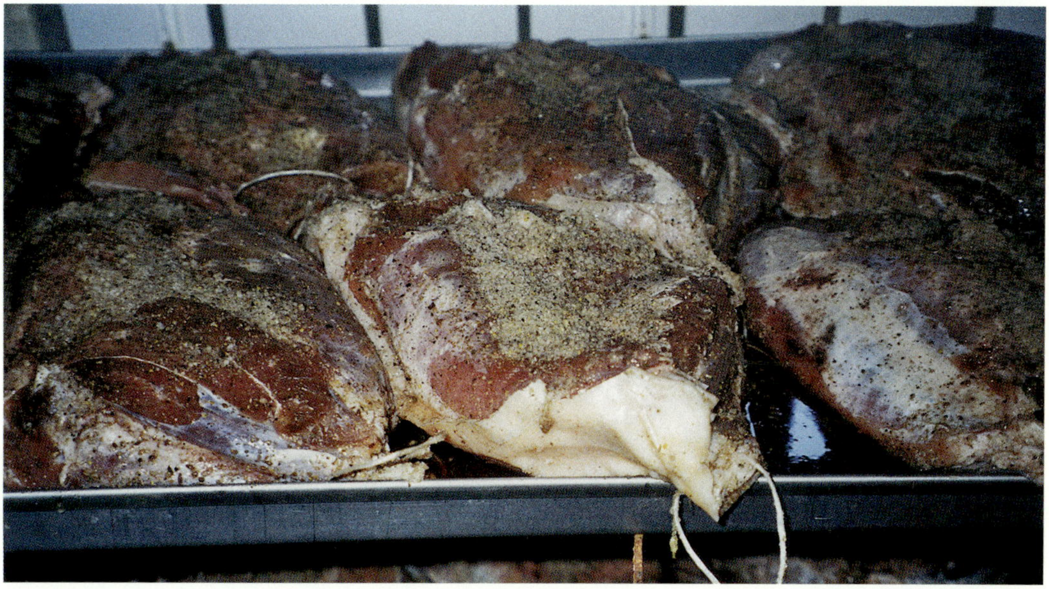

Trockenpökelung von Schinkenstücken

Pökeldauer
Je nach Stärke der Speckseite 4 bis 6 Wochen

Trocknungszeit
Je nach Dicke des Speckes ca. 2 bis 4 Monate. Auch hier sind beim Verkauf die Grenzwerte von Eiweiß : Wasser laut Codex einzuhalten.

Nasspökeln
eignet sich für die Erzeugung von Roh- und Kochpökelwaren.

Pökelware, die zum Kochen bestimmt ist, muss nass gepökelt werden, damit sie saftig bleibt. In Bauernhäusern ohne Kühlräume bildet das Nasspökeln einen Sicherheitsfaktor. Die Sur verhindert, dass sich Luftlöcher im Fass bilden.

Zum Kochen bestimmte Pökelware nasspökeln!

Pökelmischung für 100 kg Fleisch
Kochsalz oder Nitritpökelsalz: 3 bis 4 kg
Salpeter: 50 g
Zucker oder Honig: 0,5 kg
Wasser: ca. 20 Liter
Anstelle von Kochsalz und Salpeter kann Nitritpökelsalz (3 bis 4 kg) verwendet werden.

Werden 35 g Salz pro kg Fleisch verwendet, so muss das Wasser für die Lake mitberechnet werden, damit die Salzkonzentration stimmt.

Nasspökelung

> Beispielsweise benötigt man für das Suren
> von 100 kg Fleisch 20 l Wasser = 120 kg.
> 120 kg x 0,035 kg Salz = 4,2 kg Salz.

Gewürze

Knoblauchwasser, Wacholderbeeren, gemahlener Pfeffer, Kümmel, Koriander und Ingwer

Arbeitsvorgang

- Das Fleisch mit der Hälfte der Salzmischung einreiben
- Die Fleischstücke wie beim Trockenpökeln in das Pökelgefäß einschichten
- Den Rest der Salz-Gewürzmischung aufkochen, erkalten lassen und über das Fleisch gießen. Die Lake muss stets über dem Fleisch stehen
- Die Lake öfters ablassen, aufkochen, erkaltet über das Fleisch gießen; dadurch verteilen sich die Gewürze im Pökelgut gleichmäßig, und eventuelle Schadkeime in der Lake werden vernichtet. Kamige Lake ist verdorben und muss durch eine neue ersetzt werden

Kamige Lake muss durch eine neue ersetzt werden.

Pökelraumbeschaffenheit

kühl und dunkel. Temperatur: 4 bis 10 °C

Pökeldauer
Man rechnet ca. eine Woche für ein Fleischstück mit 1 kg Gewicht. Die Zeitspanne kann bei starker Salzkonzentration verkürzt werden.

Gemischtes Pökeln (für Roh- und Kochpökelwaren)
Bei dieser Methode wird das Trocken- und Nasspökeln kombiniert. Fleischstücke wie für das Trockenpökeln einsalzen und einschichten. In der Trockenphase dringen das Salz und die Gewürze gleichmäßig in das Fleisch ein. Nach einer Woche mit einer 3 %-igen Salzlösung bis zum Überstehen auffüllen. Durch die Lake werden die Luftlöcher ausgefüllt.

Gemischte Pökelung

Pökelraumbeschaffenheit
kühl und dunkel. Temperatur: 4 bis 10 °C

Pökeldauer
1 Woche pro 1 kg Gewicht der Fleischstücke

Schnellpökeln
Bei diesem Vorgang wird die Lake mit einer Hohlnadel ins Muskelgewebe gespritzt. Die Höchstmenge der Einspritzlake ist im Codex verankert. Diese Methode soll jedoch dem Gewerbe vorbehalten bleiben.

Das Garen von Kochpökelwaren
Kochpökelwaren werden häufig für den Markt genussfertig gemacht. Sie dürfen nicht gekocht, sondern nur mit 72 °C gebrüht werden. Die Brühdauer pro 1 kg Fleisch beträgt ca. 80 Minuten. Die Temperatur des Kernes muss in dieser Zeit unbedingt 70 °C übersteigen und 20 Minuten gehalten werden.

Kochpökelwaren dürfen nur bei 72 °C gebrüht werden.

Räuchern (Selchen) und Räucherfehler
Rohwürste ohne Beläge und Pökelwaren werden mit wenigen Ausnahmen kalt geräuchert.

Das Räuchern hat folgende Wirkung
- Sie ist bakterienfeindlich
- Die Fleischoberfläche wird abgetrocknet
- Durch den Rauch erhält die Ware Farbe und den typischen Geschmack

Selchraum und -einrichtung wurden bereits auf Seite 31ff behandelt.

Gemischte Hartholzspäne sind zum Räuchern geeignet.

Heizmaterial

Nur durch den Rauch getrockneter Hartholzspäne (Buche, Eiche, Erle und Obstgehölze) erhält das Räuchergut eine helle Farbe und einen würzigen Geschmack. Der Rauch aus Weichhölzern und nassen Sägespänen ergibt eine dunkle Räucherfarbe und einen teerigen Geschmack.

Räuchervorgang

- Die Pökelwaren 24 Stunden abtrocknen lassen, sonst wird das Räuchergut zu dunkel; es legen sich krebserregende Substanzen an.
- Das Räuchergut stets in die bereits warme Selch einschieben. Die Rauchtemperatur darf fürs Kalträuchern 24 °C nicht überschreiten. Die Einschiebetemperatur kann etwas höher sein, weil sie durch das kühle Fleisch gesenkt wird.
- Rohpökelwaren in Intervallen räuchern, z. B. 21 Stunden räuchern und drei Stunden lüften. In den Pausen trocknet das Fleisch durch die Frischluft ab. Der würzige Geschmack einer Pökelware kommt vom Kontakt mit der Frischluft.

Räucherfehler

Fehler	Folgen
Die Räuchertemperatur steigt über 25 °C.	Die Selchware färbt sich dunkel. Es legen sich krebserregende Substanzen an. Es bildet sich ein harter Außenrand, der das Trocknen behindert (siehe Fehler Rohwürste). Die Wursthülle löst sich von der Wurstmasse.
Weichholz oder zu nasses Heizmaterial zum Räuchern werden verwendet	Die Räucherware schmeckt nach Teer.
Pökelware wird vor dem Räuchern nicht abgetrocknet	Sie bekommt eine rußigschwarze Farbe.
Zu kalte Selchräume	Sie bekommt eine rußigschwarze Farbe.
Fleisch und Wurst zu dicht in die Selch gehängt	Die Räucherwaren sind ungleichmäßig gefärbt.

Selchdauer

Hauswürste, roh, mit geringem Durchmesser: 2–3 Tage
Hauswürste, roh, mit größerem Durchmesser: bis 8 Tage
Pökelfleisch: 7–10 Tage

> Pökelwaren mit der Bezeichnung „Landgeselchtes“, „Bauerngeselchtes“ dürfen laut Codexbestimmungen nur kalt geräuchert werden.

Beim Räuchern können Benzo(a)pyren und aromatische Kohlenwasserstoffe entstehen. Die Höchstmenge an 1,2-Benzpyren von 1 Mikrogramm je kg darf nicht überschritten werden.

Diese niederen Werte werden nur beim Kalträuchern, durch langen Weg der Rauchzufuhr und wenn beim Anfeuern keine großen Flammen entstehen erreicht.

Niedere Benzpyrenwerte werden nur beim Kalträuchern erreicht.

Reifen und Trocknen des Pökelfleisches

Sowohl geselchte als auch luftgetrocknete Waren reifen während der Trocknung.

Wird im Trockenraum die Frischluft zu rasch ausgetauscht, kann beim Pökelfleisch ein harter Außenrand entstehen. Reifung und Trocknung werden gehemmt.

Arten der Reifung und Trocknung

- schnell
- langsam

Schnellgereifte Pökelwaren

Die Luftgeschwindigkeit muss mit verschließbaren Klappen zu regeln sein, sonst entsteht ein Trockenrand.

Reifungs- und Trocknungszeiten

Rohpökelware	Dauer
Dünne Speckarten (Hamburger, Bauchspeck)	2–3 Monate
Geteilte Schinken und Osso Collo	3–4 Monate
Schinkenspeck Bündner Fleisch	4–5 Monate

Das sind nur Anhaltspunkte für Reifungs- und Trocknungszeiten, denn für den Verkauf müssen die im Codex für das Wasser-Eiweiß-Verhältnis angegebenen Grenzwerte eingehalten werden.

Für den Verkauf müssen die im Codex angegebenen Grenzwerte eingehalten werden.

Schnell gereifte Pökelwaren sind für den raschen Verbrauch bestimmt, weil der Speck früher ranzig wird.

Langsam gereifte luftgetrocknete Rohpökelware

(wie Oberkärntner Speck, Gailtaler Speck, Spezialschinken). Diese Reifungsmethode eignet sich besonders für trocken gepökeltes Fleisch. Als Konservierung wird ausschließlich Kochsalz verwendet.

Bedingungen für gute Qualität

- Das Fleisch der Landschweinrasse eignet sich dafür besser.
- Die Fütterung der Tiere darf nur einen geringen Maisanteil enthalten, sonst wird der Speck ölig und rasch ranzig.
- Die beste Fleischqualität wird bei einem Lebendgewicht von über 140 kg erzielt.
- Man kann langsam gereifte Rohpökelwaren nur in den Wintermonaten und in Gebirgsgegenden mit gleichmäßiger Luftbewegung und geringen Temperaturschwankungen herstellen, da nur dort das Produkt gleichmäßig abtrocknet.

> Versuche, langsam gereifte Pökelwaren in Nebelgebieten zu erzeugen, sind nicht immer vom Erfolg begleitet. Die Ware muss dann geräuchert werden und dennoch ist die Haltbarkeit nicht zufriedenstellend.

Reifungs- und Trocknungsraum

Die Beschaffenheit von Reifungs- und Trocknungsräumen soll kühl und luftig sein und die Raumtemperatur bei 14 bis 16 °C liegen.

Die relative Luftfeuchtigkeit soll über Monate langsam auf ca. 78 % gesenkt werden. Langsam gereifte Rohpökelwaren werden im Allgemeinen luftgeselcht; man kann sie auch nach 4 Wochen kurz bei 20 °C räuchern.

In neu ausgestatteten Reiferäumen haben sich Metallgestänge auf Rädern sehr gut für das Aufhängen der verschiedensten Rohpökelwaren bewährt.

Die Reifungs- und Trocknungsdauer richtet sich nach der Stärke des Speckes.

> Oberkärntner Bachenspeck: 4 bis 5 Monate
> Spezialschinken: bis 24 Monate

In der Trocknungsphase kann die Raumtemperatur einige Wochen zwischen 20 und 25 °C liegen; dies verstärkt das spezifische Aroma.

Rohpökelwaren sollen langsam reifen.

Langsam gereifte Rohpökelwaren

- haben ein besonderes Aroma,
- sind lange haltbar,
- der Speck ist leicht rosa gefärbt und sehr kernig.

Bezeichnungen der fertigen Pökelwaren

Name	Ausgangsmaterial
Schwein	
Beinschinken (gekocht oder roh)	Ganzer Schlögel
Westfäler	Kaiserteil
Dalmatiner	Nuss und Frikandeau
Karreespeck	Ausgelöstes Karree
Rollschulter (gekocht oder roh)	Ausgelöste Schulter
Bauchspeck oder Hamburger	Bauch
Salz-, Paprikaspeck	Rückenspeck
Bachenspeck z. B. nach Oberkärntner oder Gailtaler Art	Ein Teil des Schlögels, Karree, Schulter und Bauch in einem Stück belassen
Rind	
Bündner Fleisch	Weißes oder schwarzes Scherzel

Hamburger Speck

Rezepte für Rohpökelspezialitäten

Bachenspeck nach Oberkärntner oder Gailtaler Art

Ausgangsmaterial ist eine Fleischplatte mit Bauch, Karree und Teilen der Schulter sowie des Schlögels vom mit einem hohen Gerstenanteil gefütterten Schwein, das ein Lebendgewicht von mindestens 140 kg erreicht hat.

Arbeitsmethoden des Ausweidens und Zerfällens

a) Von der Bauchseite ausgehend

- Tier wie üblich schlachten, brühen und enthaaren
- Hängend an der Bauchseite öffnen
- Entlang der Wirbelsäule spalten
- Abtrennen von Kopf, Hals (beim Schulteranfang) und Stelzen (bei den Gliedern)
- Entfernen des Fischerls
- Auslösen im überkühlten Zustand; die Totenstarre darf noch nicht eingetreten sein.
- Knochen (Rippen, Wirbel, Schulterblatt, Röhrenknochen im Schlögel) vom Fleisch lösen. Der Schnitt soll möglichst nahe an den Knochen geführt werden
- Die knochenlose Fleischplatte aus dem Karree, Schulter, Schlögel und Bauch zuputzen, sodass die Fleischplatte keine Einschnitte mehr aufweist

b) Von der Rückenseite ausgehend

- Tiere wie üblich schlachten, brühen, enthaaren
- Stelzen bei den Gliedern abtrennen
- Die gereinigten Tiere mit Bauch nach unten auf einen niedrigen Holzbock legen, dessen Oberfläche als Mulde geformt ist. Vom Schwanz zum Kopf entlang der Wirbelsäule bis zu den Knochen einen Schnitt machen
- Die Wirbelsäule nicht durchtrennen
- Speck mit Fleisch entlang der Knochen herausschälen
- Das Knochengerüst und die Innereien herausheben
- Die Fleischplatte in der Mitte des Bauches durchtrennen

Pökeln und Aufhängen des Bachenspeckes

Herstellung

- Im warmen oder kalten Zustand mit Salz und Gewürzen einreiben. Abwiegen der Salzmenge ist nicht notwendig, da der Speck ohnehin nur eine bestimmte Menge an Salz aufnimmt
- Gut auskühlen lassen
- Auf einen Tisch zum Durchpökeln auflegen
- Bei mehreren Lagen übereinander öfters umschichten

- Nach dem Pökeln das überschüssige Salz abklopfen
- Spagat mit einer Fleischnadel in Abständen entlang der Bauchseite einziehen und zu Schlaufen binden
- An Holzstangen aufhängen

Pökelraum

Beschaffenheit: dunkel, kühl, luftig

Temperatur: 2 Wochen 0 bis 4 °C, dann bis +12 °C ansteigend

Pökeldauer: Je nach Stärke der Bache zwei bis vier Wochen. Die Pökeldauer verkürzt sich, wenn die Bache noch im warmen Zustand eingesalzen wird, denn die warmen Zellen sind für das Salz durchgängiger.

Die Pökeldauer verkürzt sich, wenn die Bache im warmen Zustand eingesalzen wird.

Reifen und Trocknen des Bachenspeckes

a) Lufttrocknen

Reifungsraum

Beschaffenheit: kühl, luftig, dunkel. Temperatur: 10–15 °C

Reifungsdauer: 4–5 Monate

Diese Methode eignet sich nur für Gebirgsklima mit gleichbleibender Luftfeuchtigkeit, gleichmäßiger Luftbewegung und geringen Temperaturschwankungen.

b) Räuchern

Der Speck muss vor dem Räuchern 24 Stunden lang, auf Holzstangen hängend, abtrocknen.

Rauchtemperatur: 18–22 °C

Dauer: 6–7 Tage

Rauchintervall: 21 Stunden, 3 Stunden lüften

c) Reifen und Trocknen

wie oben

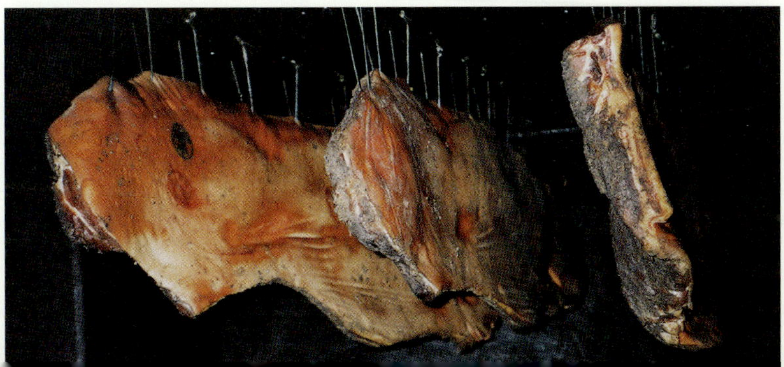

Kärntner Bachenspeck in der Räucherkammer

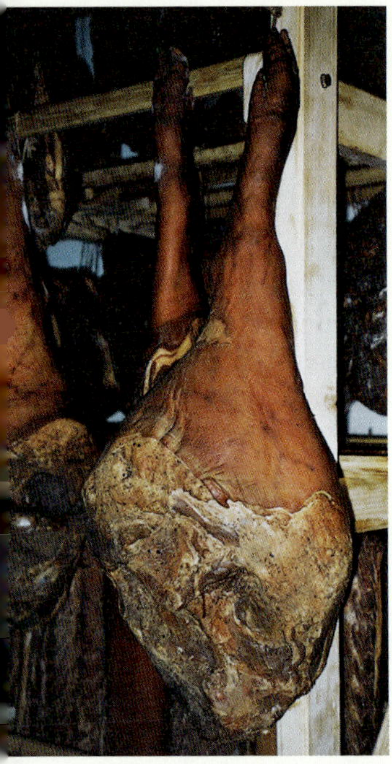

Knochenschinken und andere Räucherwaren können in der Reifekammer am einfachsten auf einem Holzgestell aufgehängt werden.

Beinschinken

Rohschinken

Zerfällen und Pökeln

- Den Schlögel sorgfältig herausschneiden; es darf von ihm nichts beim Schlussbraten bleiben
- Knochen in den Gelenken trennen
- Röhrenknochen beim Zerlegen nicht beschädigen
- Bei Bedarf zuputzen
- Trocken- oder Nasspökeln
- Salzmenge: 35 g Salz pro 1 kg Fleisch verwenden
- Mit Salz und Gewürzen einreiben; bei den Verbindungen von Fleisch zum Knochen besonders sorgfältig vorgehen

Pökelraum

Beschaffenheit: kühl, dunkel
Temperatur: unter 10 °C halten
Pökeldauer: 1 Woche pro kg Fleisch, 24 Stunden hängend trocknen

Räuchern

Temperatur: 18–22 °C
Dauer: 8–10 Tage
Rauchintervall: 21 Stunden Rauchentwicklung, 3 Stunden lüften

Reifen und Trocknen

Reifungsraum: Der Reifungsraum soll kühl, luftig und dunkel sein und konstant eine Temperatur von 15 °C haben.
Reifungsdauer: Der Schinken ist nach 5–6 Monaten genussreif und darf erst dann vakuumverpackt werden.

Ist die Qualität des verarbeiteten Fleisches schlecht, wird unsauber gearbeitet, mangelhaft gepökelt und wird die Ware vor der Genussreife vakuumverpackt, so kann sie im Kern faulig werden.

Kochschinken

- Nassgepökelter, frisch geselchter Schinken ganz oder geteilt
- Dieser Schinken wird nicht gekocht, sondern bei einer Temperatur von 72 °C gebrüht. Man rechnet eine Brühdauer von 80 Minuten pro kg Fleisch und in dieser Zeit muss die Kerntemperatur von 72 °C erreicht werden

Rollschulter

Herstellung und Pökeln

- Die Schulter auslösen
- Zuputzen
- Mit Salz und Gewürzen einreiben
- Trocken- oder Nasspökeln
- Nach dem Pökeln rollen
- In ein Kunstnetz pressen oder schnüren
- 24 Stunden hängend abtrocknen lassen

Pökelraum

Dieser Raum soll kühl und dunkel sein und eine Temperatur von 4–10 °C halten.
Pökeldauer: 2–3 Wochen

Räuchern

Geräuchert wird über 7–8 Tage und die Räuchertemperatur darf nicht über 22 °C steigen.
Rauchintervall: 21 Stunden Raucheinwirkung, drei Stunden lüften

Reifen und Trocknen

Der Reifungsraum soll kühl, luftig und dunkel sein und konstant eine Temperatur von 15 °C haben.
Reifungsdauer: drei Monate bis zum Rohgenuss

Paprikaspeck

Herstellung und Pökeln

- Weißen Speck vom Rücken lösen
- Salzen, auf einem Tisch durchpökeln
- Nach dem Pökeln überschüssiges Salz abbürsten
- Den Speck dick mit rotem Paprika einreiben
- Spagat in den Speck einziehen

Pökelraum

Der Pöckelraum soll kühl, dunkel und luftig sein, wobei die Temperatur nicht über 12 °C steigen soll.
Reifungsdauer: 8–12 Wochen bis zur Genussreife

Osso Collo

Herstellung und Pökeln

- Schopfbraten auslösen
- Mit Salz und Gewürzen einreiben
- Trocken- oder Nasspökeln
- Vor dem Räuchern in einem Pimmerling (Rindsblinddarm) pressen
- 24 Stunden abtrocknen lassen

Pökelraum

Dieser Raum soll kühl und dunkel sein, und eine Temperatur von 4–10 °C halten

Pökeldauer: ca. 2 Wochen

Räuchern

Geräuchert wird über 7–8 Tage und die Räuchertemperatur darf nicht über 22 °C steigen.

Rauchintervall: 21 Stunden Raucheinwirkung, 3 Stunden lüften

Reifen und Trocknen

Der Reifungsraum soll kühl, luftig und dunkel sein und konstant eine Temperatur von 15 °C haben.

Reifungsdauer: in 4–5 Monaten genussreif

Bündner Fleisch

Herstellung und Pökeln

- Das weiße und schwarze Scherzel des Rindes entsehnen und vom Fett befreien
- Mit Salz und Gewürzen einreiben
- Trocken- oder Nasspökeln
- Nach dem Pökeln 24 Stunden hängend abtrocknen lassen

Pökelraum

Dieser Raum soll kühl und dunkel sein, und eine Temperatur von 4–10 °C halten. Die Dauer des Pökelns beträgt 14 Tage

Räuchern

Geräuchert wird 8 Tage bei einer Temperatur von 18–22 °C.

Rauchintervall: 21 Stunden Rauchentwicklung, 3 Stunden lüften

Reifen und Trocknen

Der Reifungsraum soll kühl, luftig und dunkel sein sowie konstant eine Temperatur von 15 °C haben.

Reifungsdauer: 4 Monate bis zur Genussreife

Wildfleisch

Herstellung

- Nur den Schlögel des Wildes mit Salz und Gewürzen (Knoblauch, Pfeffer, Bohnenkraut, Neugewürz, Rosmarin, Thymian, Wacholderbeeren, Senfkörner) einreiben
- Trocken- oder Nasspökeln
- Vor dem Räuchern 24 Stunden hängend abtrocknen

Pökelraum

Der Pökelraum soll kühl, dunkel und luftig sein, wobei die Temperatur nicht über 12 °C steigen soll.
Pökeldauer: ca. 1 Woche pro kg Fleisch

Räuchern

Geräuchert wird 8 Tage lang, bei einer Temperatur von 18–20 °C.
Rauchintervall: 21 Stunden Rauchentwicklung, drei Stunden lüften

Reifen und Trocknen

Der Reifungsraum soll kühl, luftig und dunkel sein und konstant eine Temperatur von 15 °C haben.
Reifungsdauer: je nach Größe in ca. einem Monat genussreif

Rehschinken

Fettbereitung

Fett wird zwar heutzutage in der Küche nur mehr wenig verwendet, doch kann anfallendes Schweinefett durchaus sinnvoll verwertet werden. Es geht nicht darum, kein Schweinefett zu essen, sondern den Verzehr von Fett im Allgemeinen zu senken.

Fettgewinnung

- Fettstücke (Rückenspeck, Filz und fette Abschnitte) abschwarten und anfrieren
- Mit der 6- bis 8-mm-Lochscheibe wolfen
- Die Masse in ganz kleinen Mengen mit äußerst wenig Wasser bei mittlerer Hitze in einem weiten Gefäß erhitzen
- Öfters umrühren
- Wenn das Fett klar ist und die Grammeln glasig sind, das Fett in ein Gefäß abschütten
- Das überkühlte Fett in Lagergefäße, z. B. glasierte Tontöpfe, für den Verkauf in Fettpapier füllen
- Wird das Fett in großen Gefäßen gelagert, muss es bis zum völligen Erkalten von Zeit zu Zeit mit einem Kochlöffel umgerührt werden, damit keine Risse entstehen
- Die Gefäße luftdicht verschließen
- Kühl und dunkel lagern

Fettspezialitäten

Grammelfett

Nach dem Entfernen des Fettes die Grammeln weiter erhitzen, bis sie goldgelb sind. In Gefäße füllen und bis zum Erkalten umrühren, damit sie gleichmäßig verteilt werden.

Verwendung

- Füllung für Knödel und Strudel
- Abschmalzen von Knödeln und Nudelgerichten
- Brotaufstriche und Grammelgebäck

Verhackert

Verhackert wird als spezieller Brotaufstrich in vielen Gegenden der Steiermark und Kärntens verwendet. Verhackert wird als Jause zu Wein oder Most serviert.

Herstellungsarten von Verhackert

Ofenspeck

- Frischen Speck salzen und würzen (gemahlener Kümmel, Wacholder, Knoblauch), einige Tage am Tisch vorpökeln
- In flachen Kasserollen im Backrohr bei 200 °C braten, bis der Speck durch und durch glasig wird
- Fett abgießen
- Speck mit 6- bis 8-mm-Lochscheibe wolfen
- Das abgegossene Fett daruntermischen und nachwürzen
- In Tongefäße einstreichen
- Luftdicht verschließen
- Kühl und dunkel aufbewahren

Verhackert aus Selchspeck

- Fertig getrocknete Bauchspeckstücke mit der 3- bis 5-mm-Lochscheibe wolfen
- Bei Bedarf mit Knoblauchsaft, gemahlenem Wacholder und Kümmel nachwürzen
- In Gefäße füllen
- Luftdicht verschließen
- Kühl und dunkel aufbewahren

Speckschmalz mit Zwiebeln und Äpfeln

- Frischer Speck wird angefroren
- Mit der 6-mm-Lochscheibe wolfen
- Die Masse mit wenig Wasser erhitzen
- 1 bis 2 Äpfel in Spalten schneiden, mit dem Fett und einer kleinwürfelig geschnittenen Zwiebel mitdünsten
- Masse vor dem Abschöpfen etwas salzen
- Masse in Töpfe füllen
- Verwendung für Aufstriche

Schadkeime (Mikroben) bei der Fleischverarbeitung

Hygiene

Mikroorganismen finden im Fleisch einen idealen Nährboden. Aus diesem Grund muss sehr sorgfältig, zügig und sauber gearbeitet werden, denn nur so bleibt die Qualität erhalten.

Was ist sauber? Was ist rein?
Als sauber bezeichnet man Gegenstände, an denen für das Auge kein Schmutz mehr erkennbar ist.
Rein sind Gegenstände, bei denen unerwünschte Rückstände und Kleinstlebewesen weitgehend entfernt sind.

Maßnahmen zur Verringerung der Keimbelastung

- Die Arbeitsplätze für Schlachtung und Verarbeitung unbedingt trennen
- Schmutzige Tiere vor der Schlachtung reinigen
- Entstehen beim Ausweiden Darmverletzungen und werden dadurch Fleischteile verschmutzt, so müssen diese großflächig weggeschnitten und dürfen nicht mit Wasser oder Tüchern gereinigt werden. Die vorhandenen Kotbakterien würden sich bei der späteren Verarbeitung vermehren und wären später im fertigen Produkt vorhanden
- Geräte, die bei der Fleischverarbeitung Verwendung finden, niemals auf den Boden legen
- Jedes Gerät während der Arbeit des Öfteren mit sehr heißem Wasser reinigen, das Wasser muss Trinkwasserqualität aufweisen.
- Wolfgeräte sofort nach Beendigung des Arbeitsvorganges reinigen, denn im zerkleinerten Fleisch vermehren sich die Keime besonders rasch
- Damit das Fleisch nicht unnötig erwärmt wird und sich dabei Keime rasch vermehren, alle Arbeiten zügig und ohne Pausen erledigen

- Werden Geflügel und Wild am selben Arbeitsplatz wie das übrige Fleisch verarbeitet, darf dies nicht gleichzeitig erfolgen. Die Arbeitsplätze sind, bevor die anderen Fleischteile bearbeitet werden, gründlich zu reinigen und zu desinfizieren

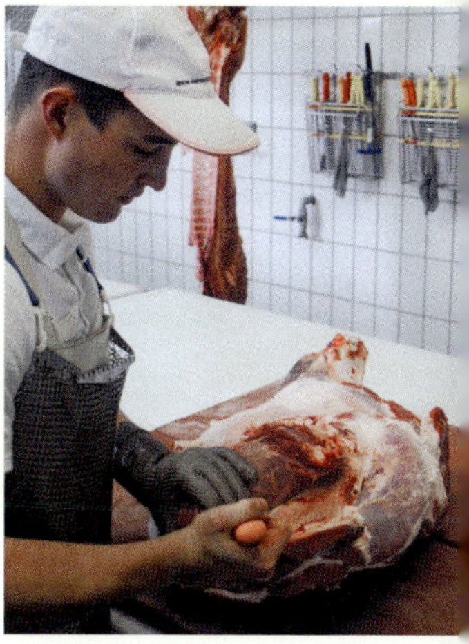

Das Haar ist mit einer Kopfbedeckung zu bedecken.

Personelle Vorkehrungen

- Alle Personen, die Fleisch bearbeiten, müssen völlig gesund sein und dürfen keine Erkältung oder eitrige Wunden an den Händen und Armen haben
- Frische Schnittwunden sind mit einem undurchlässigen Verband abzudecken
- Bei jeder Arbeitsunterbrechung die Hände und Unterarme mit heißem Wasser und Seife bürsten
- Fingernägel sauber und kurz schneiden
- Das Haar ist mit einer Kopfbedeckung zu bedecken, keine Uhren und Ringe tragen
- Saubere, kochfeste Arbeitskleidung anziehen

Schadkeime (Mikroben) bei der Fleischverarbeitung

Mikroben sind Kleinstlebewesen, die nur mit dem Mikroskop wahrgenommen werden können. Sie sind überall zu finden, besonders zahlreich im Erdreich und auf Lebensmittelresten.

Wird unsauber gearbeitet, können diese Schadkeime zum Verderb des Fleisches bzw. zu gesundheitlichen Schäden führen.

Mikroben benötigen je nach Art

- Eiweiß-, fett- oder zuckerhältige Lebensmittel zur Ernährung
- Ein saures oder schwach basisches Umfeld
- Entsprechende Temperatur, Feuchtigkeit und überwiegend Sauerstoff

Durch Veränderung ihrer Lebensbedingungen kann die Tätigkeit der Mikroben gesteuert werden.

- Keime können sich rasch vermehren, wenn alle Lebensbedingungen der jeweiligen Mikrobenart optimal erfüllt werden, z. B. Temperatur, pH-Wert, Feuchtigkeit usw.
- Je weiter die Lebensbedingungen von dem von den Mikroben bevorzugten Bereich entfernt sind, desto schwächer sind ihre Auswirkungen; es kommt zu Wachstumsverzögerungen.

Durch Mikroben können Lebensmittel im positiven oder negativen Sinn verändert werden.

Positiv	Negativ
Beim Fleisch, Pökeln, Dauerwurst. Mikroben bilden Säuren, die Aroma und Geschmack verleihen und die Haltbarkeit gewährleisten. Diese erwünschten Veränderungen werden durch den gesteuerten Einsatz bestimmter Mikroben erreicht.	Lebensmittelverderb, z. B. Schimmelbildung, Kamigwerden der Lake, Gärigwerden von Würsten, Ranzigwerden von Fetten. Lebensmittelvergiftung durch Ausscheidungen der Mikroben, die auf den Menschen als Gift wirken. **Diese negativen Auswirkungen müssen vermieden werden!**

Lebensmittelvergiftende Mikroben

Dazu zählen:

- Fäulniserreger
- Eitererreger
- Salmonellen
- Bodenbakterien
- Schimmelpilze

Die Ausscheidungen der genannten Mikroben sind giftig; daher sind die befallenen Lebensmittel für den Menschen gesundheitsschädlich.

Fäulniserreger

Fäulniserreger können überall vorkommen.

Es gibt viele verschiedene Arten von Fäulniserregern, die überall leben können, vor allem im Erdreich und in Abwässern.

Jede Art von Fäulniserregern braucht andere Lebensbedingungen. Die Vermehrung beginnt bei 10 °C und hat die stärkste Entwicklung um 35 °C. Die Vermehrung kann mit und ohne Sauerstoff erfolgen. Fäulniserreger sind gegen Säuren empfindlich.

Besonders gefährdete Lebensmittel sind eiweißreiche Lebensmittel wie Fleisch, Fisch, Eier, aber auch Obst.

Auswirkungen auf Lebensmittel

- Eiweißstoffe werden abgebaut; die dabei entstehenden Ausscheidungsstoffe sind für den Menschen gesundheitsschädlich.
- Lebensmittel werden unansehnlich und riechen übel.

Auswirkungen auf den Menschen

- Fäulnisgifte führen zu Übelkeit, Leibschmerzen, Durchfall und Erbrechen. Fäulniserregende Keime überleben das Kochen.

Vorbeugende Maßnahmen

- Arbeitsbereiche für unsaubere und reine Arbeiten genau einhalten.
- Arbeitsflächen und -geräte sorgfältig reinigen und desinfizieren.
- Lebensmittel kühl lagern, da die Zimmertemperatur das Verderben fördert.
- Lebensmittel vor der Zubereitung unter fließendem Wasser waschen, damit die Keime weggespült werden.

Bereiche für unsaubere und saubere Arbeiten trennen.

Eitererreger

Sie sind besonders gefährlich, da sie zu keiner wahrnehmbaren Veränderung an den Lebensmitteln führen.

Sie kommen sie in allen eitrigen Wunden und als Parasiten in Schleimhäuten vor.

Als Ernährungsbasis werden eiweiß-, kohlenhydrathaltige Lebensmittel und Feuchtigkeit benötigt.

Die stärkste Vermehrung findet bei 40 °C statt. Das Wachstum wird durch Säuren, Kochsalz und kühle Temperaturen gehemmt (Beispiel: Essigbeilage bei Aspik). Nur eine 3 %-ige Kochsalzbeigabe kann die Vermehrung hemmen. Bei 75–80 °C werden Eitererreger abgetötet. Bei nachträglicher Berührung der Speisen mit der Hand können sie aber neu infiziert werden.

Die Giftstoffe (Toxine) mancher Eitererreger sind gegen Hitze widerstandsfähig und können im Haushalt nicht zerstört werden.

Toxine mancher Eitererreger sind hitzeresistent!

> Besonders gefährdete Lebensmittel sind eiweißhaltige Speisen, wie gekochter Schinken, Faschiertes, Milchspeisen, Soßen, Cremes und Pudding.

Auswirkungen auf den Menschen

Brechdurchfall, Kreislaufstörungen. Sie beginnen kurze Zeit nach der Aufnahme vergifteter Gerichte.

Vorbeugende Maßnahmen

- Wunden an den Händen vollständig mit wasserdichtem Pflaster oder Gummifinger abschließen
- Bei Verkühlungen unbedingt Mund- und Nasenschutz tragen, denn unkontrolliertes Niesen und Husten tragen die Eitererreger zu den Lebensmitteln
- Speisen auf 70 °C warmhalten
- Speisen nach dem Kochen sofort abkühlen

Salmonellen

Ein gesunder Körper ist infolge seiner natürlichen Abwehrkräfte gegenüber Salmonellen von Haus aus immun.

Salmonellen werden durch Lebensmittel tierischer Herkunft übertragen.

Kleinkinder, ältere Menschen, Magen- und Darmkranke haben ein geschwächtes Immunsystem und erkranken deshalb besonders leicht an Salmonellen. Diese werden in der Regel durch Lebensmittel tierischer Herkunft übertragen. Im Darm von Tier und Mensch können die Bakterien leben und sich vermehren. Durch Sterilisieren und Pasteurisieren werden sie bei 80 °C abgetötet.

> Besonders gefährdet sind tierische Lebensmittel, wie Geflügel (besonders Tiefgefrorenes), Wild, Faschiertes, Eier, aber auch Milch, Geflügelsalat, Cremes, Süßspeisen, Mayonnaise

Auswirkungen auf den Menschen

Die Giftstoffe der Salmonellen wirken auf den Darm, es kommt zu Müdigkeit, Übelkeit, Durchfall, Erbrechen und Fieber.

In schweren Fällen durchdringen die Toxine die Darmschleimhaut und gelangen ins Blut. Es kommt zur Blutvergiftung.

Vorbeugende Maßnahmen

- Auf gründliche persönliche und Arbeitsplatzhygiene achten
- Saubere und unsaubere Arbeiten trennen
- Wild in der Decke (nicht abgehäutet) darf nicht im allgemeinen Kühlraum gelagert werden
- Rohes Geflügel getrennt von anderen Lebensmitteln lagern
- Der Fleischwolf muss nach jedem Arbeitsgang oder mindestens zweimal am Tag gereinigt werden (bei laufendem Betrieb)
- Faschiertes Fleisch und frische Rohwürste dürfen nur bis 24 Stunden nach der Herstellung verkauft werden
- Verpackungsmaterial von gefrorenem Geflügel, Wild und Fleisch vernichten

- Auftauwasser wegschütten
- Nach den Garungsvorbereitungen Hände, Geräte und Arbeitsunterlagen sorgfältig reinigen
- Schneidbretter für Fleisch, Gemüse und Mehlspeisen im Haushalt genau trennen
- Papierhandtücher in Verarbeitungsräumen und Toiletten verwenden

Bodenbakterien (*Clostridium botulinum*)

Von Bodenbakterien werden vorwiegend eiweißreiche Lebensmittel, unter Luftabschluss aufbewahrt, befallen. Sie leben im Boden und Kot. Lebensmittel werden von ihnen durch unsauberes Arbeiten und ungenügende Körperhygiene infiziert.

Zur Vermehrung kommt es bei Temperaturen zwischen 10 und 30 °C, wobei kein Sauerstoff benötigt wird. Es bilden sich hitzebeständige Sporen, die die Kochtemperatur überleben. Im Haushalt wendet man gegen sie das Sterilisieren in zwei Stufen an, d. h., nach 24 Stunden wird nochmals sterilisiert (z. B. bei Leberwurst im Glas, grüne Bohnen und Erbsen).

Clostridium botualinum benötigt keinen Sauerstoff zur Vermehrung!

Während der Vermehrung der Bodenbakterien bilden sich Gase; dies führt dazu, dass Dosen und vakuumverpackte Lebensmittel sich aufblähen (bombieren) und Einmachgläser aufgehen.

> Alle eiweißhaltigen Lebensmittel unter Luftabschluss sind anfällig, wenn sie ungenügend erhitzt und zu warm gelagert werden bzw. wenn die Räucherwaren nicht genügend gesalzen oder gepökelt wurden.

Kennzeichen von verdorbener Ware

- Übler Geruch (wie faule Eier)
- Trübe Flüssigkeit (bei Erbsen)
- Teile des Inhalts sind verflüssigt (Schinken)

Schmecken Räucherwaren anders als gewohnt, ist Vorsicht am Platz! Im Anfangsstadium wird der üble Geruch vom Rauchgeschmack überdeckt.

Auswirkungen auf den Menschen

Die Giftstoffe der Bodenbakterien werden von der Darmschleimhaut aufgenommen und führen zu Lähmungen der Nerven, später zum Tod.

Vorbeugende Maßnahmen

- Lebensmittel sorgfältig unter fließendem Wasser waschen
- Nach dem Besuch der Toilette die Hände sorgfältig mit Seife waschen und mit Wegwerfhandtüchern abtrocknen

- Vakuumverpackte Lebensmittel im Kühlraum bei +3 bis 8 °C aufbewahren
- Aufbrauchfristen beachten
- Fleisch- und Gemüsegerichte in Dosen und Einweggläsern zwei Mal sterilisieren
- Fleischdauerwaren genügend salzen und pökeln
- Den Inhalt von aufgeblähten Folienbeuteln, gewölbten Dosen und aufgegangenen Gläsern nicht verwenden

Schimmelpilze

Nur die Edelschimmelpilze bei Salami, Camembert, Roquefort usw. sind für den menschlichen Genuss geeignet; alle anderen Schimmelarten sind giftig.

Schimmelpilze sind anspruchslos. Sie bauen alle Nährstoffe ab. Die Vermehrung findet zwischen dem Gefrierpunkt und 45 °C statt. Das stärkste Wachstum liegt bei 25 °C. Dazu müssen genügend Luftfeuchtigkeit und Sauerstoff vorhanden sein.

Bei genügend Luftfeuchtigkeit und Sauerstoff vermehren sich Schimmelpilze am besten bei 25 °C.

Bei günstigen Bedingungen wachsen Pilzfäden, ein weißer Belag wird sichtbar. Bei starker Vermehrung kommt es zur Bildung von Pilzrasen. Essigsäure schädigt die Schimmelpilze und stoppt die Vermehrung.

Besonders gefährdete Lebensmittel sind ungeräucherte Wurstwaren, Backwaren, Obst und Obsterzeugnisse.

Pilzfäden und Ausscheidungsgifte sind immer weiter ausgebreitet, als aus dem Pilzrasen ersichtlich ist. Daher sollten vom Schimmel befallene Lebensmittel oder Getränke zur Gänze vernichtet werden.

Auswirkungen auf den Menschen

Schimmelpilzgifte schädigen die Leber.

Vorbeugende Maßnahmen

- Lebensmittel kühl und trocken lagern
- Befallene Lebensmittel sofort entfernen
- Kühlräume und Kühlschränke mit Essigwasser (Essigessenz) auswaschen
- Verarbeitungs- und Trockenräume gut lüften; die Luftfeuchtigkeit in den Räumen verringern
- Befallene Wände und Einrichtungsgegenstände gründlich reinigen und mit Spezialmitteln behandeln

Ziel aller Fleisch verarbeitenden Betriebe muss sein, das Fleisch so zu behandeln, dass es frei von lebensmittelvergiftenden oder krankheitserregenden Mikroben ist.

Mögliche Verfahren	Maßnahmen
Verringern des Gehalts an Verderbniserregern	■ Säubern ■ Desinfizieren
Veränderung der Lebensbedingungen	■ Kühlen, Gefrieren ■ Trocknen ■ Säuern, Räuchern etc.
Abtöten der Mikroben	■ Erhitzen ■ Entkeimen

Wie wird die Keimvermehrung während der Fleischverarbeitung verringert?

- Den Verarbeitungsvorgang ohne Pausen durchführen
- Für die Verarbeitung Kleider und Schuhwerk wechseln
- Oberflächen von Geräten und Arbeitsflächen überprüfen, schadhafte (rissige) auswechseln
- Den Gesundheitszustand der verarbeitenden Person überprüfen

Sicherheits-vorkehrungen vor Unfällen

Unfälle bei der Fleischverarbeitung können schwerwiegende Folgen haben.

- Verbrühung durch heißes Wasser oder Fell
- Stich- und Schnittverletzungen
  - durch falsche Schnittführung
  - durch stumpfe Messer
  - durch Fehlen von Schutzkleidung
  - durch Entfernen von Schutzvorrichtungen bei laufenden Geräten
- Sturz und Fall
  - durch zu glatte Böden
  - durch Wasserlacken und Fettreste am Boden
  - durch Stolpern bei Stufen
  - durch unzweckmäßiges Schuhwerk
  - Unordnung in Arbeitsräumen

Arbeitsbehelfe

- Kenntnisse über Unfallursachen und deren Vermeidung erwerben
- Entsprechende Einrichtungen benützen
- Intakte Arbeitsgeräte einsetzen und regelmäßig warten
- Richtige Arbeitsmethoden anwenden
- Zweckmäßige Arbeitskleidung tragen (keinen Schmuck)

- Metallschürzen und Fingerschutz beim Zerlegen des Fleisches anwenden
- Erste-Hilfe-Kasten im Verarbeitungsraum anbringen
- Der Betriebsinhaber ist verantwortlich, dass alle Geräte und Einrichtungsgegenstände in Ordnung sind. Er muss Schutzbekleidung für sich und die Mitarbeiter bereitstellen und darauf achten, dass alle Unfallverhütungsmaßnahmen eingehalten werden
- Kinder von Schlacht- und Verarbeitungsräumen fernhalten

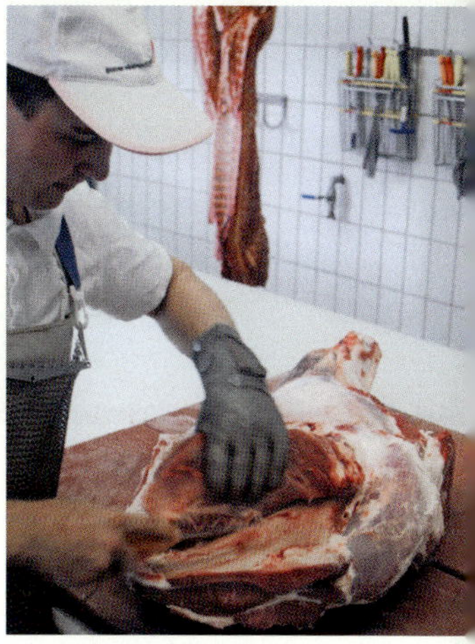

Sicherheitshandschuhe ...

Arbeitskleidung

- Weiße Overalls aus Baumwolle, die genügend Bewegungsfreiheit gewähren, werden empfohlen. Es dürfen keine Teile abstehen, sodass die Gefahr des Hängenbleibens vermieden wird
- Griffige Schuhsohlen verringern die Rutschgefahr
- Thermokleider für Arbeiten im Kühlraum beugen Verkühlung und Rheuma vor
- Das Tragen von Sicherheitskleidung schützt vor lebensgefährlichen Stichverletzungen (Stichschutzschürze zum Schutz des Bauches und der Oberschenkel). Dreifinger- bzw. Fünffingerhandschuhe beim Fleischteilen verwenden

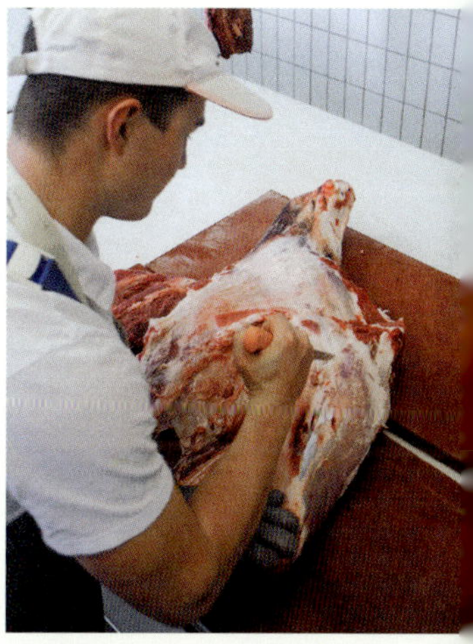

... und die richtige Schnittführung schützen vor Verletzungen

Arbeitsmethode

- Von der richtigen Schnittführung hängt die Sicherheit ab
- Freihändiges Arbeiten mit dem Messer führt vermehrt zu Unfällen
- Es wird empfohlen, einen Fleischteilungskurs zu besuchen

Fußboden

- Der Boden muss rutschsicher und stufenlos sein
- Wasser und Fettverschmutzungen sofort entfernen
- Gänge von Geräten und Gerümpel freihalten

Geräte

- Die Gebrauchsanweisungen der Geräte genau lesen und einhalten
- Bewegliche Schutzvorrichtungen benützen (Einfülltrichter, Restehalterung bei der Aufschnittmaschine)
- Bei Stromausfall die Geräte ausschalten, damit kein unüberwachter Betrieb stattfinden kann
- Nur Messer mit Sicherheitsgriff verwenden
- Messer nicht von einem Arbeitsraum in den anderen tragen, sondern an Ort und Stelle griffbereit unterbringen
- Nur geschärfte Messer verwenden
- Für spezielle Arbeiten nur das dafür geeignete Messer einsetzen

Planung der Schlachtung und Verarbeitung

Wirtschaftlichkeit

Planung und Wirtschaftlichkeit

Planung der Schlachtung und Verarbeitung

Die Umstellung von der Hausschlachtung, die der Versorgung der Familie dient, auf die Erzeugung von Fleisch und Fleischprodukten für den Markt bringt meist einschneidende Veränderungen für Betrieb und Haushalt mit sich.

Dieser Schritt will, da er nicht so ohne Weiteres rückgängig gemacht werden kann, gründlich durchdacht und geplant sein. Dabei geht es nicht nur um die Klärung der Frage, welche Investitionen notwendig sind und wie sie finanziert werden können, sondern vor allem auch um den rationellen Einsatz der Arbeitskräfte.

Arbeitspläne beantworten die Frage, wer wo was wie und womit erledigen soll. Sie sparen Zeit, verhindern Stress, schalten Leerläufe aus, verringern Wartezeiten, tragen zur Qualitätserhaltung bei, ermöglichen den gezielten Einsatz von Hilfskräften und sind bei Bedarf leicht abzuändern.

Durch das Auflisten der Arbeiten und Festlegen der Arbeitsfolge werden Fehler ersichtlich.

Fällt eine Arbeitskraft aus, ist sie leicht zu ersetzen, ohne dass es zu Störungen im Betrieb kommt.

Beispiel für eine Arbeitsplanerstellung zu einer Schweineschlachtung und -verarbeitung

1 Monat bis 2 Tage vor dem Schlachttag

- Termin festlegen und mit den erforderlichen Hilfskräften abstimmen
- Arbeitsgeräte auf ihre Betriebsbereitschaft überprüfen und etwaige Mängel beheben
- Vorräte und Mengen (Gewürze, Därme) überprüfen und ergänzen
- Verschiebbare Arbeiten im Betrieb so einteilen, dass der für die Fleischverarbeitung vorgesehene Tag davon nicht betroffen ist
- 48 Stunden vor der Schlachtung den Beschautermin der Gemeinde oder dem zuständigen Tierarzt bekanntgeben

Vortag

- Schlachtplatz reinigen
- Haartrog, Holzbock und Schrägen aufstellen
- Wasserkessel auffüllen
- Brennmaterial herbeischaffen
- Kolophonium (Saupech) bereitstellen

Schlachttag

- Wasser erhitzen
- Schlacht- und Arbeitsgeräte (Schussapparat, Messer und Hilfsmittel, Kolophonium, Salz) sowie Gefäße für Blut und Gedärme zum Schlachtplatz bringen
- Schlachten, ausweiden
- Blut rühren
- Fleischhälften und Innereien in die Kühlung bringen
- Därme reinigen
- Fleischbeschau bei Vermarktung
- Köpfe und Halsfleisch brühen
- Leberwurst bereiten

2. Tag

- Blutwurst und Maischerln zubereiten
- Fleischhälften zerlegen
- Speck für die Wurstbereitung vorfrieren

3. Tag

- Fleisch einfrieren
- Fleisch pökeln
- Fleisch und Speck für die Rohwurst vorbereiten

- Fett faschieren und zerlassen
- Rohwürste bereiten und zur Reifung geben
- Hauswürstel selchen

Die Arbeiten sind auf die vorhandenen Arbeitskräfte aufzuteilen.

Liste zur Kontrolle und Ergänzung der Hilfsmittel für die Dauerwarenerzeugung

Hilfsmittel	vorhanden	ergänzen
Pökelhilfen		
Kochsalz	X	
Nitritpökelsalz	X	
Salpeter		1 P. Salpeter
Gewürze		
Zwiebel	X	
Knoblauch	X	
Pfeffer		250 g Pfeffer
Piment	X	
Majoran	X	
Thymian	X	
Koriander	X	
Wacholder		200 g Wacholder
Paprika		250 g Paprika
Därme / Verschiedenes		
Hauswürstel		1 Bund Naturdärme
Salami, Kaliber 55		1 Bund Salamidarm Kaliber 55
Leberwurst 1/2 kg–1 kg		1 Bund Leberwurst-½-kg-Därme
Sulz, Kaliber 120	X	
Spagat		1 Rolle Spagat
Wurstspieße	X	
Einfrieren		
Schlauchfolie		1 Rolle zu 25 cm
Sackerln	X	

Kontrolle von Planungen

- Die Kontrolle kann Ausgangspunkt für eine eventuelle Neuplanung sein.
- Eine Neuplanung ist nach jeder Änderung innerhalb der Familie, des Betriebes, des Haushalts oder des Marktes unumgänglich.
- Wiederholte Laboruntersuchungen der Produkte garantieren gleichbleibende Qualität.
- Lagerbestände sind ständig zu kontrollieren, z. B. Fleischvorräte, Gefriertruhe, Gewürzbestände etc.

Wirtschaftlichkeit

Bei der Erzeugung von Fleischprodukten für den Eigenverbrauch wird nicht nach der Wirtschaftlichkeit gefragt. Es ist der Wunsch jeder Bäuerin, etwas Gutes und Besonderes herzustellen und es zu präsentieren. Sie möchte etwas erzeugen, worauf sie stolz sein kann!

Wer seine Produkte direkt vermarkten will, um damit ein zusätzliches Einkommen zu erwirtschaften, muss kalkulieren.

Nur über exakte Aufzeichnung lässt sich eine Wirtschaftlichkeitsberechnung durchführen.

Eine Wirtschaftlichkeitsrechnung auf dem Gebiet der Fleischverarbeitung ist deshalb schwierig, da man dafür sehr viele Daten braucht, die nur über exakte Aufzeichnungen zu erhalten sind. Da diese Aufzeichnungen über einen längeren Zeitraum erfolgen müssen, fehlt oft die Bereitschaft, dafür Zeit aufzubringen.

Die aus einem Betrieb gewonnenen Daten sind jedoch nicht auf jeden anderen übertragbar.

Bei den Landwirtschaftskammern liegt für die Berechnung der Wirtschaftlichkeit ein Satz von Formularen auf. Die Beratungsstelle kalkuliert mit den Interessenten die erzeugten Produkte durch; aber auch dafür sind Aufzeichnungen notwendig. Die Kalkulation gibt nicht nur Aufschluss, ob und in welchem Ausmaß die Direktvermarktung von Fleischprodukten zum Betriebserfolg beiträgt; sie ist auch ein Kontrollinstrument, das Schwachstellen aufzeigt.

Verkauf von Frischfleisch

Umhüllen und Verpacken von Fleisch und Fleischdauerwaren

Direktvermarktungsmöglichkeiten von Fleisch und Fleischdauerwaren

Vermarktung von Fleisch u. Fleischdauerwaren

Verkauf von Frischfleisch

In vielen Gegenden Österreichs war es schon immer üblich, dass der Bauer Frischfleisch an den Kunden verkauft (ausschroten). Dabei kann es sich entweder um ganze Tierhälften oder um Teile bis zu einem Gewicht von 1 kg handeln (in der Gewerbeordnung ist das Be- und Verarbeitungsnebengewerbe geregelt).

Beim Einkauf am Bauernhof kann sich der Konsument über die Haltung und Fütterung der Tiere und ihre weitere Verarbeitung informieren.

Ein Bauer, der Frischfleisch verkauft, muss besonders großen Wert auf die Erzeugung und Erhaltung von guter Qualität legen und die Fleischhygiene-Richtlinien beachten. Fleisch von Rindern, Schweinen, Schafen, Ziegen, Pferden und anderen Einhufern sowie Wild aus Gattern darf unbeschaut nicht in den Verkehr gebracht werden. Für den Ab-Hof-Verkauf muss ein kühler, sauberer Raum vorhanden sein. Bei Zustellung darf die Fleischtemperatur nie über +7 °C ansteigen. Die Transportbehälter sind peinlichst sauber zu halten.

Preisauszeichnung

Die Preisauszeichnung kann mit oder ohne Knochenzuwaage erfolgen. Fleischstücke mit eingewachsenen Knochen (z. B. Karree, Schopfbraten) werden mit Zuwaage berechnet.

Die Zuwaage (das ist der Knochenanteil) ist gesetzlich geregelt:

Fleischart	Fleisch	Knochen
Rind	75 %	25 %
Kalb	70 %	30 %
Schwein	80 %	20 %

Ohne Zuwaage

Dabei werden keine Knochen mitverkauft, aber sehr wohl im Preis mitberechnet.

Beispiel:

Bei 1 kg Rindfleisch mit Zuwaage erhält der Kunde 0,75 kg Fleisch und 0,25 kg Knochen. Verlangt der Kunde 1 kg Rindfleisch ohne Zuwaage, werden ihm die 25 % Knochen dazugerechnet (330 g) und er hat den Preis von 1,33 kg zu bezahlen.

Rechenvorgang:

75 % = 1000 g

25 % = x

$$x = \frac{1000 \times 25}{75} = \frac{25000}{75} = 330\ g$$

Die Wünsche der Konsumenten

Der Konsument möchte

- Gut gereifte Ware, die fachgemäß geteilt und bezeichnet ist
- Ratschläge über die Verwendung und Zubereitungsmöglichkeiten der einzelnen Teilstücke
- Die Stücke sollen nicht zu viel Nacharbeit in der Küche erfordern, z. B. ausgelöster Braten oder eingehacktes Karree; Teilstücke, die für eine Mahlzeit angepasst sind

Fleischverluste von der Schlachtung bis zum Verkauf

Errechnen des Warmschlachtgewichtes

Lebendgewicht – Schlachtverlust = Warmschlachtgewicht

Für das Warmschlachtgewicht werden die ausgeweideten, schlachtwarmen Tiere (Rind, Kalb und Schaf) ohne Füße und Kopf in Hälften gewogen. Bei Schweinen werden Kopf und Füße mitgewogen.

Durchschnittliche Schlachtverluste

Bei Rindern: 35–65 % des Lebendgewichtes
Bei Kälbern: 30–51 % des Lebendgewichtes
Bei Schweinen: 15–30 % des Lebendgewichtes
Bei Schafen: 45–65 % des Lebendgewichtes

Die Schlachtverluste bestehen aus:
Haut oder Fell, Borsten, Hörnern, Klauen, Knochen, Därmen, Fett und aus Innereien. Ein Teil dieser Produkte könnte auch verkauft werden.

Beispiel:

1 Schwein hat ein Lebendgewicht von	120 kg
– 20 % Schlachtverlust	24 kg
= Warmschlachtgewicht	96 kg

Durch das Auskühlen verliert das Fleisch 1 bis 3 % des Warmschlachtgewichtes und man erhält somit das Kaltschlachtgewicht.

Durch die Fleischreifung, Zerfällung und den Verkauf kann ein weiterer Schwund von 3–10 % des Kaltschlachtgewichtes entstehen.

Beispiel:

Warmschlachtgewicht	96 kg
– 3 % Auskühlverlust	2,88 kg
Kaltgewicht	93,12 kg
– 5 % Schwund	4,66 kg
= Verkaufsgewicht	88,46 kg

Die Ausbeute des Schlachtgewichtes einzelner Tierarten

Der Frischfleisch direkt vermarktende Produzent muss die Fleischausbeute berechnen können.

Die Beispiele rechts dienen als Anhaltspunkte für die zu entgegennehmenden Vorbestellungen:

Kalkulation Kälber

Beispiel: Lebend 100 kg, Schlachtgewicht 75 kg

Karree, Nierenbraten mit Zuwaage	12 kg
Schulter m. Z	10,60 kg
Brust m. Z	8,60 kg
Hals m. Z	3 kg
Schlögel*: Schnitzelfleisch o. Z	12 kg
Bratenfleisch o. Z	3 kg
Knochen	5 kg
Nebenausbeute:	
Fell	7 kg
Kopf	5,60 kg
Füße	3 kg
Beuschel, Milz	2,50 kg
Leber	1,60 kg
Hirn, Bries	0,80 kg
Lunge	0,30 kg
	75 kg

* Festgestellt bei Zerfällung anlässlich Richtsatzprüfung.

Kalkulation Rinder

Beispiel: Schlachtgewicht 367 kg (ohne Nebenausbeute) – Ochse

Lungenbraten ohne Zuwaage	6,40 kg
Beiried, Rostbraten o. Z	20 kg
Hinteres o. Z	32,90 kg
Braten o. Z	34 kg
Schnitzel o. Z	51,80 kg
Vorderes o. Z	37,60 kg
Fettes Suppenfleisch m. Z	66,40 kg
Wadschinken o. Z	17 kg
Schlepp	2 kg
Knochen	43 kg
Zuschnittfleisch	30,60 kg
Anschnittfett	24 kg
Manipulationsverluste	1,30 kg
	367 kg

Nebenausbeute:

Haut	51 kg
Fett	26 kg
Zunge	1,50 kg
Lunge	6 kg
Leber, Herz, Hirn	11,30 kg
Milz	1,60 kg
Nieren	1,80 kg
Füße	5,60 kg
Sonstiges (Kutteln, Ausschnitt etc.)	9,40 kg
	114 kg

Kalkulation Schweine

Beispiel: Lebend 105 kg, Schlachtgewicht 80 kg – Klasse I

Karree kurz, mit Knochen	4 kg
Karree lang, m. K	6 kg
Schopfbraten m. K	3,80 kg
Schnitzelfleisch o. K	11 kg
Schulter m. K	5,50 kg
Bauch	8 kg
Hintere Stelze	2,30 kg
Vordere Stelze	2 kg
Rohspeck, Goder	9,35 kg
Filz	1 kg
Haxl	1,80 kg
Ripperl	2,80 kg
Kopf	4,20 kg
Zuschnitte, mager	5,90 kg
Zuschnitte, fett	1,65 kg
Sehnen	1,65 kg
Schwarten	3,15 kg
Drüsen	0,40 kg
Knochen	1,70 kg
Hirn	0,10 kg
Leber, Niere	2,50 kg
Zunge	0,15 kg
Beuschel, Milz	1,05 kg
	80 kg

Umhüllen und Verpacken von Fleisch und Fleischdauerwaren

Werden Fleisch oder Fleischwaren umhüllt oder verpackt, so sind die Vorschriften der Frischfleischhygieneverordnung und Kennzeichnung der Produkte (laut Lebensmittelkennzeichnungsverordnung) zu beachten.

Folgende Angaben müssen enthalten sein:

- Hersteller
- Sachbezeichnung
- Inhaltsstoffe (Hergestellt aus ...)
- Verpackungsdatum
- Gewicht
- Lagerbedingungen, Verbrauchs- oder Haltbarkeitsfrist
- Vermerk des „Genusstauglichkeitszeichens" (Veterinärkontrollnummer ist bei der Behörde zu beantragen). Tiefgekühltes Fleisch muss das Einfrierdatum aufweisen.

Verbrauchs- und Haltbarkeitsfristen

Auf vakuumverpackten Fleischwaren müssen Haltbarkeitsfristen angegeben sein. Die Dauer ist eine Garantie für die Genusstauglichkeit bei Einhalten der anzugebenden Lagerung (z. B.: gekühlt bei 4 °C bis ...). Sie wird vom Verpacker bestimmt (dazu gibt es nur Erfahrungswerte, aber keine Vorschriften).

Im Gegensatz dazu ist bei rasch verderblichen Lebensmitteln, z. B. Fleisch in Dehnfolie („getwistet", ohne Vakuum), eine Verbrauchsfrist anzugeben. Nach Überschreiten der Verbrauchsfrist ist die Ware nicht mehr verkehrs-/genusstauglich.

Verbrauchsfristen

- für Faschiertes, Geschnetzeltes: am Tag der Herstellung
- Frischfleisch, Innereien in Dehnfolie: 3 Tage
- Knochen in Dehnfolie: 2 Tage

Transport

Beim Transport von Fleisch, der in hygienisch einwandfreien Behältnissen, auf längeren Strecken in gekühlten Transportfahrzeugen durchzuführen ist, ist ein Begleitdokument (z. B. Lieferschein) mit folgenden Angaben mitzuführen (siehe nächste Seite):

- Lieferbetrieb, Empfänger, Art und Menge der Ware, Datum des Transportes
- Herkunftsland, ausgeschrieben oder abgekürzt, die Veterinärkontrollnummer des Versandbetriebes
- bei tiefgekühltem Fleisch auch den Monat und das Jahr, in denen es tiefgekühlt wurde

Dieses Dokument ist vom Empfänger mindestens bis zum Ablauf des folgenden Kalenderjahres aufzubewahren und der Behörde auf Verlangen zur Einsicht vorzulegen.

Direktvermarktungsmöglichkeiten von Fleisch und Fleischdauerwaren

Immer mehr bäuerliche Familien wollen ihre Produkte direkt vermarkten. Damit beabsichtigen sie, verschiedene Ziele zu erreichen:

- Ein höheres Einkommen zu erwirtschaften
- Ein Vollerwerbsbetrieb zu bleiben
- Einen Arbeitsplatz zu Hause zu schaffen
- Freie Arbeitskapazität in Anspruch zu nehmen
- Kapital langfristig zu nutzen

Um diese Entscheidung zu erleichtern, sind folgende Schritte notwendig:

- Die Situation der Familie und des landwirtschaftlichen Betriebes analysieren
- Möglichkeiten der Fleischverarbeitung zu suchen
- Die Marktsituation festzustellen

Eine Liste von Fragen, die keinen Anspruch auf Vollständigkeit erhebt, soll durch die Darstellung der Situation (Analyse) die Entscheidung erleichtern.

Fragen zur Familiensituation

- Wer ist an der Fleischverarbeitung interessiert?
- Wer ist dafür bereit, Dienstleistungen zu erbringen?
- Wer soll hauptsächlich in der Direktvermarktung mitarbeiten?
- Wer kann fallweise einspringen (Arbeitsspitzen)?
- Wie viel Zeit können die einzelnen Familienmitglieder für die Direktvermarktung einsetzen?

- Wer hat die nötigen Voraussetzungen für die Direktvermarktung (Kontaktfreudigkeit, Ordnungsliebe, Gewissenhaftigkeit, Verlässlichkeit, Flexibilität, körperliche Belastbarkeit, Ideenreichtum, positive Einstellung zum Kunden und Kommunikationsfähigkeit)?
- Bei wem ist die fachliche Kompetenz gegeben?
- Wer von den Familienmitgliedern arbeitet in Vereinen und in der Politik mit?
- Was erwarten sich die einzelnen Familienmitglieder von der Direktvermarktung?
- Welche Probleme könnten sich aus der Direktvermarktung ergeben?
- Ist in absehbarer Zeit eine Veränderung der Familiensituation zu erwarten?

Fragen zum landwirtschaftlichen Betrieb

- Wie viele Tiere werden im Jahr gemästet?
- Ist eine Ausweitung der Masttierhaltung möglich?
- Wo liegen die Grenzen (Futtergrundlage, Gebäude, Gesetze, Arbeitskapazität, Kapitalbedarf)?
- Ist eine Spezialisierung in der Landwirtschaft möglich?
- Können landwirtschaftliche Arbeiten vergeben werden (Maschinenring)?

Fragen zur Fleischverarbeitung

- Welche Mengen sollten verarbeitet werden?
- Welche Produkte sollten daraus erzeugt werden?
- In welcher Jahreszeit fällt die Produktion an?
- Reichen die vorhandenen Arbeitsräume, Einrichtungen und Geräte aus oder müssen Arbeitsräume adaptiert bzw. neu gebaut werden?
- Welche Einrichtungen und Geräte werden zusätzlich benötigt?
- Wie hoch ist der Kapitalbedarf für die Investitionen?
- Welche Finanzierungsmöglichkeiten gibt es (Eigen- und Fremdkapital)?
- Gibt es Förderungen?
- Wie viel Arbeitszeit wird für die geplante Produktion benötigt?
- Sind notwendige Arbeitskräfte vom Betrieb jederzeit abstellbar oder müssen Hilfskräfte eingestellt werden?

Fragen zur Marktsituation

- Ist ein Markt vorhanden?
- Welche Verkaufsform kommt für den Betrieb in Frage (Abwägen von Vor- und Nachteilen)? – Bauernmarkt – Ab-Hof-Verkauf – Zustellung

– Gemeinsamer Verkaufsraum – Bauernladen/-korb – Börse der Landwirtschaftskammer – Buschenschank – Urlaub am Bauernhof

- Welche Werbemaßnahmen sind erforderlich?
- Welche Preise können erzielt werden?

Alle offenen Fragen sollten aufgelistet und die Beratung der Landwirtschaftskammer angefordert werden (Hauswirtschafts-, Bauabteilung usw.).

Wichtig!

- **Alle offenen Fragen klären!**
- **Reihenfolge der notwendigen Schritte (Maßnahmen) zur Verwirklichung festlegen!**
- **Kapitalbedarf und Finanzierungsmöglichkeiten feststellen!**
- **Weiterbildungsmöglichkeiten in Erfahrung bringen (Kurse, Literatur, Erfahrungsaustausch mit Vermarktern)!**

Möglichkeiten der Direktvermarktung (Checklisten)

Der Landwirt kann seine Produkte vielfältig vermarkten, doch benötigen die einzelnen Verkaufsformen

- einen unterschiedlichen Arbeitsaufwand,
- einen unterschiedlichen Kapitaleinsatz und
- hängen von der Nähe des Marktes ab.

Für das Fertigprodukt werden bei den einzelnen Vermarktungsformen verschiedene Gewinne erzielt.

Die anschließenden Checklisten sollen die Entscheidung für die passende Vermarktungsform erleichtern.

Welche Verkaufsform kommt für den Betrieb in Frage?

- Bauern-, Wochenmarkt
- Zustellung
- Gemeinsamer Verkaufsraum
- Bauernladen/-korb
- Börse der Landwirtschaftskammer
- Ab-Hof-Verkauf
- Buschenschank
- Gästevermietung

Was spricht für oder gegen die Beschickung eines Wochen- oder Bauernmarktes?

Vorteile	Nachteile
■ Kunden müssen nicht gesucht werden ■ Geringe Werbekosten (Mundpropaganda) ■ Verkaufszeiten sind kurz (einige Stunden) ■ Ein Kundenstock ist einfach aufzubauen ■ Bei gleichbleibendem Kundenstock ist die Absatzmenge keinen großen Schwankungen unterworfen ■ Guter Kontakt zu den Kunden ■ Erfahrungsaustausch mit anderen Marktfahrern ■ Keine Unruhe am Hof durch Kundenbesuche	■ 1 bis 2 feststehende Tage in der Woche sind für Arbeiten im Haushalt und Betrieb nicht verfügbar. ■ Diverses Zubehör ist je nach Marktordnung notwendig (z. B. Stand, Vorrichtung zum Abdecken der Ware als Schutz vor der Berührung durch den Kunden, Preistafel, geeichte Waage, Schneidbrett aus Kunststoff, Messer, Verpackungsmaterial, Tischabdeckung, vorschriftsmäßige Transportbehälter) ■ Regelmäßige Gesundenuntersuchung ■ Zusätzliche Kosten/Marktgebühren ■ Auto

Zustellung der Produkte

Vorteile	Nachteile
■ Es ist günstig, mit Gewerbetreibenden (Gastwirten, Lebensmittelhändlern) Geschäftsverbindungen anzuknüpfen ■ Voraussetzung ist ein ständiges Angebot ■ Wenn ein Kundenstock vorhanden ist, sind weitere Werbemaßnahmen nicht notwendig ■ Verkaufsfördernde Gespräche können entfallen (Qualität spricht für sich)	■ Die Produkte an der Tür anzubieten (Hausieren) ist verboten! ■ Fleischwaren dürfen nur auf Bestellung zugestellt werden. ■ Die Nachfrage ist nicht immer gleich. Wenn sich das Warenangebot nicht deckt, müssen die Kunden angerufen oder angeschrieben werden ■ Zusätzliche Kosten – Auto, Transportbehälter ■ Zustellzeiten lassen sich bei bestimmten Produkten nicht immer fixieren; sie bringen oft den Arbeitsplan durcheinander

Bauernladen

Mehrere Bauern betreiben ein gemeinsames Verkaufslokal.

Vorteile	Nachteile
■ Standplatz in Kundennähe (Einkaufsstraße, Platz, Wohngebiet durch öffentliche Verkehrsmittel leicht erreichbar) ■ Arbeitsparend, wenn eigenes Verkaufspersonal angestellt wird und sich die Anbieter beim Verkauf abwechseln ■ Verkaufsform für Leute, die wenig kontaktfreudig sind	■ Abgelegenheit oder schwere Erreichbarkeit des Standplatzes ■ Kosten sind höher (Betriebskosten, Einrichtungen, eventuell Löhne, Transportkosten) ■ Keine persönliche Kundennähe

Bei dieser Vermarktungsform sind die Kosten genau abzuwägen. Die Zusammenarbeit der einzelnen Vermarkter im Bauernladen muss vertraglich genau festgelegt werden.

Bauernkorb

Mehrere Bauern beliefern ein Spezialgeschäft, das bäuerlich erzeugte Produkte anbietet.

Vorteile	Nachteile
■ Wie beim Zustellen ■ Geringe Kosten ■ Kein Verkaufsrisiko	■ Kein Kundenkontakt ■ Es gibt nur wenige Bauernkörbe

Transportbedingungen

Für die bisher besprochenen Verkaufsformen sind die Transportbedingungen zu beachten:

- Die Transportbehälter müssen für Lebensmittel geeignet, wasserundurchlässig, gut verschließbar, leicht zu reinigen und stets sauber sein.
- Frischfleisch gut vorkühlen, damit die Kerntemperatur während des Transportes nicht über +7 °C ansteigt!
- Rohe Brat- und Grillwürste sowie Frischgeflügel dürfen nicht älter als 24 Stunden sein.
- Beim Befördern von verpacktem Fleisch darf die Verpackung nicht beschädigt oder verunreinigt werden.

Ab-Hof-Verkauf

Vorteile	Nachteile
■ Verkaufsstelle, Betrieb und Haushalt haben denselben Standort ■ Keine Qualitätsverluste durch Umwelteinflüsse während des Transports oder auf dem Stand ■ Kosten sind geringer als bei anderen Verkaufsformen (Marktstandgebühren, Lohnkosten, Transportkosten und Zeit entfallen) ■ Kein Verkehrsrisiko	■ Ein Verkaufsraum ist einzurichten (Kosten) ■ Bei festgelegten Öffnungszeiten ist der Zeitaufwand gering ■ Viele Arbeitsunterbrechungen und hoher Arbeitszeitaufwand entstehen, wenn die Öffnungszeiten nicht genau festgesetzt und eingehalten werden ■ Mehr Anstrengung unter höheren Kosten, damit Kunden erreicht werden ■ Es besteht die Gefahr, den Stammkunden auf irgendetwas einzuladen; wenn dies zur Gewohnheit wird, kostet es Zeit und Geld

Buschenschank

Vorteile	Nachteile
■ Durch das Abgeben von Fleisch und Fleischwaren in Portionen werden höhere Preise erzielt	■ Besonders kapital- und arbeitsintensiv

Im Rahmen der Gästevermietung

Fleisch und Fleischprodukte werden im Rahmen der Gästevermietung nur zu den Mahlzeiten und zum Mitnehmen abgegeben; die abgesetzten Mengen bleiben gering.

Kundenwerbung

- Für alle Vermarktungsformen und im Rahmen der Gästevermietung gültig
- Verwandte, Freunde, Bekannte als Werbeträger heranziehen
- In Ämtern, Fabriken und Siedlungen durch Flugblätter und Personen werben
- Postwurfsendungen
- Hofbesichtigungen (Besuchstage) veranstalten
- Inserate in Tages-, Gemeinde- und Vereinszeitungen einschalten
- Eine Kundenkartei mit Adressen und Telefonnummern anlegen
- Periodische Rundschreiben an die Kunden senden, um sie über die Produktpalette und Preise zu informieren

Nur für Ab-Hof-Vermarkter und Buschenschank gültig:

- Hinweistafeln aufstellen!
- Den Hof und seine unmittelbare Umgebung einladend gestalten, denn er ist die Visitenkarte!

Für die Fleischvermarktung sind folgende Gesetze bindend:

Siehe Kapitel: Was müssen Erzeuger und Vermarkter wissen? (s. S. 16)

Anhang

Codexbestimmungen für Sulzwürste

Sorte & Bezeichnung	Herstellungsrichtlinien
Sorte 1 a Schinkenpresskopf	mindestens 50 Teile gepökeltes, mageres Schweinsschlögelfleisch und höchstens 50 Teile Aspik oder Gelee
Sorte 1 b Presskopf und hervorhebend bezeichnete Sulzwürste	mindestens 50 Teile gepökeltes oder ungepökeltes, gekochtes, mageres Schweinefleisch oder Schweinekopffleisch mit Schwarte und höchstens 50 Teile Aspik oder Gelee
Sorte 2 Presswurst, Schwartenmagen	mindestens 50 Teile gepökeltes, gekochtes Schweinekopffleisch mit Schwarte, Schwarten, allenfalls Herz oder Zunge, höchstens 50 Teile Aspik oder Gelee und gepökeltes Blut
Sorte 3 Sulz, Haussulz, Geflügelsulz	mindestens 30 Teile gepökeltes oder ungepökeltes, gekochtes Schweinekopffleisch mit Schwarte, Schwarten, eventuell Herz, Zunge, bei Geflügelsulz Geflügelfleisch auch mit Haut, höchstens 50 Teile Aspik oder Gelee; allfällige Restmengen Gemüse oder gekochtes Ei

Sulzwürste der Sorte 1 und 2 werden in Natur- oder Kunstdärme oder ungeputzte Schweinemägen gefüllt.
Sulzwürste der Sorte 3 werden in der Regel in Formen hergestellt.

Codexbestimmungen für schnittfeste Blut-, Zungen- und Leberwürste

Sorte & Bezeichnung	Herstellungsrichtlinien
Sorte 1 Zungenwurst und hervorhebend bezeichnete schnittfeste Blut- und Leberwürste	mindestens 50 Teile gepökelte, geschälte Schweinszungen, Rindszungen oder Kalbszungen, Speck, Schwarten und höchstens 50 Teile Brühe und Schweineblut Bei hervorhebend bezeichneten Produkten mit Fleischeinlage mindestens 50 Teile gepökeltes, gekochtes Schweinsschlögelfleisch oder Schinken, Blut kann ganz oder teilweise durch Leber ersetzt werden
Sorte 2 Thüringer Rotwurst, Leberpresssack u. dgl.	mindestens 50 Teile Schweinefleisch und Schweinekopffleisch mit Schwarte, Schwarte, Leber, Zunge, Speck Höchstens 50 Teile Schweineblut und Brühe
Sorte 3 Schnittblutwurst	mindestens 30 Teile Schweinekopffleisch mit Schwarte, Schwarte, Speck, höchstens 70 Teile Blut und Brühe

Literaturverzeichnis

Aussendungen der Fleischerinnung von Kärnten (z. B. Ausbeute der Schlachttiere)

Einfrieren im bäuerlichen Haushalt (Beratungsschrift 2, Bundesministerium für Land- und Forstwirtschaft)

Gesetze und Verordnungen zum Thema Fleisch:
Fleischuntersuchungsgesetz i. d. F. BGBl. 519/1996
Fleischuntersuchungsrecht-Änderungsverordnung BGBl. 519/1996
Fleischuntersuchungsverordnung BGBl. Nr. 522/1982, BGBl. Nr. 541/1988
Fleischhygieneverordnung BGBl. Nr. 280/1983
Frischfleischhygieneverordnung BGBl. 396/1994
Gewerberecht 1973
Gewerberechtsnovelle 1988,1992
Lebensmittelrecht BGBl. Nr. 86/1975
Österreichisches Lebensmittelbuch (Codex alimentarius Austriacus), III. Auflage B14:
Fleisch und Fleischwaren
Qualitätsklassen für Schweinehälften, BGBl. Nr. 182/1979

Grüner: Fachtheorie für ernährungswirtschaftliche Berufe. Dr. Felix Büchner, Handwerk und Technik.
Kulmbacher Reihe: Band 5, Mikrobiologie und Qualität von Rohwurst und Rohschinken.
Kulmbacher Reihe: Band 8, Technologie der Kochwurst und Kochpökelware 1988.
Leibetseder, Josef: Österreichische Schweinefleischuntersuchung, Wien 1991.
Leitgeb: Untersuchung, Fütterung vor der Schlachtung, Wien.
Österreichisches statistisches Zentralamt Wien: Österreichisches Statistisches Handbuch.
Radke, Monika: Vorträge.
Schlieper, Cornelia: Ernährung heute. Dr. Felix Büchner, Handwerk und Technik.